存好股

賺飽價差

爽爽過我每一天

一個投機者的20年經驗告白！

金戈 ◎著

CONTENTS

第 7 章　存好股，你必須具備的「交易心態」

第 8 章　學那些專業盯盤者，無法教你的「盤感訓練」

第 9 章 **存好股，
第一重要就是「看基本面」**

第 10 章 **再好的股票，
也要注意的「投資陷阱」**

前言
想在市場獲利，
有些硬底子功夫你得學

　　投資人在真正學會看盤之前，需要先明白一些道理，這些道理能讓你激蕩的內心平靜下來，看到很多之前被忽視的精彩。

　　散戶與主力（或小資金與大資金），二者相互博弈所產生的盈與虧，大多不是由資金量決定的，而是由內心的結算週期決定的。

　　股價越到高風險處，似乎機會越多；股價越到低風險處，似乎股市越沒有生機。有時候，我們所看到的真實只是表面現象。股價高處，大資金借機逐步兌現。股價跌宕起伏間，小資金看到的投機機會多。股價低處，如一潭死水，小資金惶惶不可終日，因為找不到「明天就能賺錢」的機會；而大資金卻發現了機會，因為將獲利預期定在很久以後。

　　每天都想在股市上賺一筆的人，最終反而會虧損。

　　管用的道理往往都很簡單，而簡單的道理往往都會被忽視。有時候，不是我們故意忽視這些道理，而是缺少發現它的「技術核心」。所謂技術核心就是技術型散戶必備的知識，也是投資人憑藉自己的思考力來獲取投資收益的技巧。

　　趨勢、分時、量價、MACD、K線、選股、盯盤、交易心理分析等，構成了看盤的知識體系。投資人理清了這些技術分析的知識和技巧，可以讓自己的眼界更加開闊、思路更加清晰、心態更加平和，而這些也正是本書講解的主要內容。

　　本書在寫作過程中多採用實戰案例進行講解，將理論知識還原到實際案例中進行剖析。如此不但易於投資人理解和掌握，也能使投資人更貼近實戰、更容易記憶和應用所學到的知識。

　　若只依靠傳聞、消息、薦股來操作股票，就像被人蒙住了眼睛，你不知道什麼時候跨出去的哪一步會掉進坑裡。做股票還是要靠自己，即使一時虧損，你也算學到了知識、積累了經驗。 希望本書講述的知識和技巧，能夠幫助每一位讀者成為優秀的技術型投資人。

Chapter 1

存好股前，
必懂得的 3 件事！

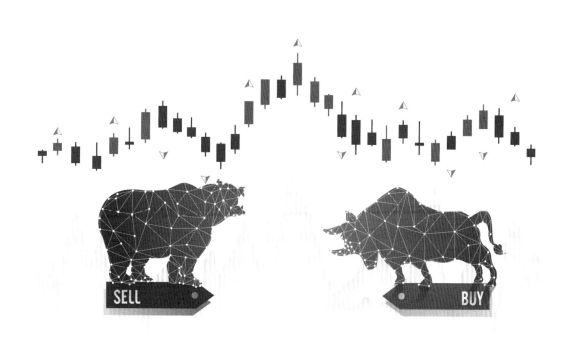

1-1

熟悉盤面專用術語

　　盤面術語是指股市交易中有關看盤的專用術語。對於投資人來說，通曉這些術語是股票投資的基礎，否則很難真正看懂股票投資類的文章，或者會因理解上的偏差，對某些術語所指的技術狀態形成錯誤的認知。

　　當投資人在閱讀重要的股票分析文章，或與別人討論行情時，這些看起來不重要、不起眼的術語，會因投資人的錯誤理解，而帶來與預期截然相反的投資結果。

　　千里之行始於足下，讀懂股票盤面基本術語是投資人走向成功的第一步。常用的股票術語如下。

1. **盤面**：個股買進、賣出各個檔位的交易訊息和分時圖等細節。

2. **看多**：對股票後市行情看好，認為行情將會上漲或繼續上漲。

3. **看空**：對股票後市行情看壞，認為行情將會下跌或繼續下跌。

4. **多頭**：已經買進股票，並對未來行情看多的人。

5. **空頭**：已經賣出股票，並對未來行情看空的人；也指期貨市場上，經由賣空獲利的人。

6. **多翻空**：多頭確信股價已漲到頂峰，大批賣出手中股票而成為空頭。

7. **空翻多**：空頭確信股價已跌到盡頭，大量買入股票而成為多頭。

8. **盤整**：股價遇到阻力或支撐，因此開始上下波動。

9. **死亡交叉**：短期指標向下交叉中期指標，或者短期、中期指標分別向下穿過長期指標的形態。

10. 黃金交叉：短期指標向上交叉長期指標，此後分別向上運行。

11. 買盤：積極買入某股票的資金總稱。

12. 賣盤：主動賣出某股票的資金總稱。

13. 平盤報收：當日收盤價相比昨日收盤價，漲跌無明顯變化。

14. 全盤盡墨：大盤和絕大部分股票都下跌。

15. 紅盤報收：當日收盤價高於當日開盤價，即上漲收盤。

16. 砸盤：一種是主力主動砸盤，目的是為了洗盤；另一種是機構之間的博弈手法。

17. 崩盤：由於受到極端或意外因素的影響，造成個股或者大盤指數大幅急速下跌，且短時間內沒有止跌的跡象。

18. 護盤：主力在市場低迷時主動或者被動地買入股票，以求達到穩定該股股價的目的。

19. 開高：當日的開盤價高於前一日的收盤價。

20. 低開：當日的開盤價低於前一日的收盤價。

21. 開平：當日的開盤價與前一日的收盤價相同。

22. 拉高收盤：主力在尾盤時快速將股價拉到較高的位置。

23. 缺口：當日開盤價高於前一日收盤價或當日開盤價低於前一日收盤價，留有空白的交易區域。

24. 跳空低開：當日開盤價低於前一日最低價，在 K 線圖上留有向下跳空缺口的現象。

25. 跳空開高：當日開盤價高於前一日最高價，在 K 線圖上留有向上跳空缺口的現象。

26. 內盤：以買入價成交的交易，買入成交數量統計加入內盤。

27. 外盤：以賣出價成交的交易，賣出成交數量統計加入外盤。內盤和外盤這兩個數據大致上可以用來判斷買賣力量的強弱。若外盤數量大於內盤，說明買方力量較強；若內盤數量大於外盤，則說明賣方力量較強。

28. 均價：某一時刻買賣股票的平均價格。若當前股價在均價之上，說明在此之前買的股票都處於獲利狀態。

29. 下跌：股價緩慢下跌，如陰雨連綿，長跌不止。

30. 洗盤：主力為吸籌或清理浮籌，主動造成股價的大幅波動，為今後的拉升做準備。

31. 試盤：主力經由買入或者賣出股票，來測試某股票的籌碼分佈以及壓力與支撐情況。

32. 跳水：股價在短時間內快速、大幅下跌。

33. 掃盤：主力大幅度通吃賣盤上的籌碼。

34. 多頭排列：短期均線、中期均線、長期均線依次從上到下排列，形成向上發散態勢，說明多頭即將發起向上攻擊。反之，則為空頭排列。

35. 反彈：指股價處於下跌趨勢中，每一次下跌途中的回升。

36. 反轉：指股價突破原有的運行趨勢，進入與之相反的趨勢中。比如，上漲趨勢反轉為下跌趨勢，反之亦然。

37. 殺跌：市場發生恐慌或因其他原因，導致各方紛紛賣出股票，從而使股價快速下跌。

38. 割肉：投資人在買入股票後，股價下跌，投資人為避免損失擴大而低價（賠本）賣出股票。

39. 套牢：投資人預期股價上漲而買入股票，結果股價卻下跌，交易處於虧損的狀態；投資人不甘心將股票賣出，只能被動持有股票，等待獲利時機出現。

40. 踏空：投資人因看空後市而賣出股票後，股價卻一路上揚；或者投資人未能及時買入，因而未能在上漲趨勢中賺得利潤。

41. 誘多：股價盤整已久，下跌的可能性變大，主力突然將股價拉高，促使投資人誤以為股價會向上突破，紛紛買進，結果股價卻轉而下跌，使買入的投資人被套牢。

42. 誘空：主力故意打壓股價，使持倉的投資人誤以為股價將持續大跌，紛紛賣出股票，股價卻轉而上漲，使賣出的投資人錯失上漲行情。

43. 騙線：主力利用均線等技術指標造假，在賣出時，製造上漲形態；在買入時，製造下跌形態，促使投資人做出錯誤的交易決策。

1-2

看懂盤面數據和分時圖

在股票市場上，盤面的概念有廣義和狹義之分。廣義上的盤面概念包括 K 線走勢、均線、成交量等；而狹義上的盤面是指盤面數據和分時走勢圖。盤面數據和分時走勢圖，是投資人瞭解市場和個股行情的視窗。

個股盤面數據

無論漲勢行情還是跌勢行情，都是經由買和賣這個交易環節來完成的，反映到盤面上，則表現為一系列的數據形式，如買盤和賣盤上的幾檔掛單、漲跌幅、委比、委差、最新價、開盤價、收盤價、最低價、最高價、量比、內外盤、總成交量、換手率、現價等。

在交易時段內，盤面數據的不斷刷新和變化，能夠顯示出多空之間交鋒的激烈程度，也為投資人分析股價運行趨勢提供了重要的參考。例如，經由分析個股內外盤數據，投資人可以發現當前時間段內賣出和買入的具體數值。經由分析個股總成交量、換手率、量比，投資人可以發現該股交易的熱度和異動情況。

經由分析買賣盤幾檔（五檔或十檔）掛單的情況，投資人可以得知目前買方（多方）和賣方（空方）力量對比的情況。

如圖 1-1 所示，該股五檔賣盤和五檔買盤的掛單都在千張以上，顯示在當前價位上，買方和賣方力量相對均衡。任何一方想要打破這種均衡的局面，都不是一件容易的事。

圖 1-1 買賣盤五檔掛單

賣五	3.24	2117	
賣四	3.23	2305	
賣三	3.22	3140	
賣二	3.21	4629	+3
賣一	3.20	1856	+91
買五	3.19	1110	
買四	3.18	2085	+7
買三	3.17	1860	
買二	3.16	3343	
買一	3.15	2779	

　　除了這些即時盤面數據之外，投資人還應關注其他一些相關的盤面數據，如個股的總股本、流通股本、淨資產、市盈率（本益比）、收益、淨流入額、大宗流入等綜合數據。

　　投資人經由分析個股的總股本、流通股本，可以分析出該股受限流通股數是多少以及是否會對股價帶來壓力，還可以明顯看出具體個股是大型股還是小型股等情況。

　　經由分析淨資產、市盈率、收益等數據，投資人可以簡要瞭解上市公司的基本面情況。經由分析個股當前的淨流入額、大宗流入等數據，投資人可以看出個股資金流向和大資金被關注的程度，有利於更加全面地衡量所持的或關注的個股的情況。

指數盤面數據

　　在大多數股票軟體中，大盤分時圖的右上角即行情資訊區，就是當日相關指數的盤面數據資訊，如圖 1-2 所示。

図 1-2　大盤分時圖

G ☰ 399001深證成指		SG1
最新指數		10171.60
今日開盤		10300.62
昨日收盤		10155.36
指數漲跌		16.24
指數漲幅		0.16%
總成交額		3117.81億
總成交量		279398710
指數量比		0.84
深證換手		1.58%
滬深漲停	▌	47
漲幅 ＞7%	▌	62
漲幅 5%~7%	▌	60
漲幅 3%~5%	▅	214
漲幅 0%~3%	██████	1763
跌幅 0%~3%	█████	1300
跌幅 3%~5%	▅	169
跌幅 5%~7%	▌	27
跌幅 ＞7%	▏	23
滬深跌停	▏	10
淨流入額		-88.41億　-3%
大宗流入		-14.87億　-0%

　　我們可以看到當日指數的開盤、收盤、漲幅、最新指數、總成交量、漲跌比例分佈等數據，指數盤面的這些數據，能夠讓我們很快對當前的大盤行情有一個比較清晰的瞭解。

　　例如，根據圖 1-2 中的漲跌比例分佈，我們可以看到，在當前的時間段裡，漲跌幅度為 0~3% 的個股占比極大，而漲跌幅度超過 5% 的個股相對較少，漲跌幅度超過 7% 的個股更少。這就說明，當前大盤行情運行相對平穩，多數個股表現不溫不火，行情沒有明顯的傾向。

　　在行情訊息區的下方，投資人可以選擇不同的即時數據進行分析，如分

價表、分時成交明細等。分價表是不同時間段在某一點位成交情況的匯總，我們從中可以看出哪些點位資金出現過較為密集的成交。而分時成交明細，是將每一分鐘的成交情況進行即時彙報。

整體而言，無論在大盤還是個股的盤面數據中，都隱藏著第一手的交易資訊，這些對於投資人來說可謂至關重要。雖然投資人對盤面數據進行分析和研究，需要花費時間和精力，但是這對投資人進行交易決策有很大的幫助。如果投資人為此付出一定的努力，必然會有相應的回報。

分時圖

在對股票進行分析和研判的過程中，分時圖也是一個不可或缺的部分，尤其對喜歡做短線交易的投資人來說，顯示價格即時變化的分時圖，是瞭解個股盤中強弱變化，以及了解主力運作思路的重要窗口。

關於如何分析、判別個股分時圖，之後有專章進行詳細講解，此處不再贅述，本節主要簡述有關大盤分時圖的相關知識。

1. 黃線和白線

在大多數軟體的上證綜指分時圖上，都有黃、白兩條線。

以下舉滬市為例：白線是滬市所有股票的加權平均指數。當媒體報導上證指數時，所報的點數就是白線的即時點數。因為白線是加權平均指數，所以受權重股走勢的影響較大。在實戰中，通常認為白線代表大型股。

黃線是滬市所有股票的算術平均指數，即所有上市公司的股票不分股本大小，對指數的影響是一樣的。黃線通常代表中小型股，如圖 1-3 所示。

當行情上漲時，如果白線在上方，說明大型股的整體漲幅比中小型股的整體漲幅大，主要由大型股引領上漲；如果黃線在上方，說明當前的上漲主要由大部分中小型股引領，中小型股的整體漲幅比大型股的整體漲幅大。

當指數下跌時，如果白線在下方，說明大盤的下跌主要由大型股引領；反之，如果黃線在下方，說明大盤的下跌主要由大部分中小型股引領，中小型股的整體跌幅比大型股的整體跌幅大。

圖1-3　上證綜指分時圖

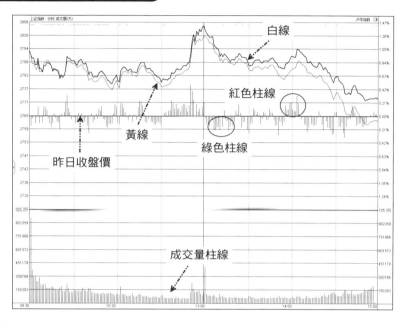

2. 紅色柱線與綠色柱線

　　在上證綜指分時圖上，我們以昨日收盤價為基準畫一條水平線，在這條水平線之上顯示的是紅色柱線，在這條水平線之下顯示的是綠色柱線，如圖1-3 所示。這些紅、綠色柱線，反映了指數即時上漲或下跌的強弱程度。

　　當紅色柱線向上不斷拉長時，表示此時上漲強度在逐漸增強；當紅色柱線縮短時，表示此時上漲強度在逐漸減弱。當綠色柱線向下拉長時，表示此時下跌強度在逐漸增強；當綠色柱線縮短時，表示此時下跌強度在逐漸減弱。

　　實戰中，如果綠色柱線縮短後，上方並沒有出現明顯的紅色柱線，而綠色柱線又開始向下拉長，則意味著連續下跌行情可能來臨。

　　當紅色柱線縮短後，下方並沒有出現明顯的綠色柱線，而紅色柱線又開始向上拉長，則意味著連續上漲行情可能來臨。

　　投資人在實戰中應注意背離的出現，即紅色柱線極長，但指數卻滯漲；

綠色柱線極長，但指數卻並未明顯下跌，這種情況下指數可能會出現拐點。

3. 成交量柱線

在圖 1-3 中，在上證綜指分時圖的下方是成交量柱線。每一條長短不一的柱線，代表著每一分鐘上海證券交易所 A 股和 B 股的累積成交之和。柱線越長，表示在這一分鐘裡，上海證券交易所 A 股和 B 股的總成交量越大。

1-3

用技術分析，正確解讀市場行情

　　股票看盤是一個綜合性的概念，它包含盤面數據、分時圖，還包含 K 線分析、均線分析、趨勢分析、技術指標分析以及成交量分析等內容。

　　在股票看盤中，「看」只是過程，分析並得出結論才是目的。有些投資人每天在電腦旁盯著螢幕上不斷變化的股價數字，只關心股價的漲跌變化。一個交易日結束，這些投資人能記住的可能只有股價的漲跌。但投資人不能只關注個股股價的漲跌，否則不管做了多少年的股票交易，可能依然是一個交易新手、門外漢。

　　看盤是一個分析的過程，也是一個不斷驗證自己判斷的過程。不管股價是漲還是跌，如果符合自己之前的判斷，那麼在看盤的過程中，你會知道哪一種思路是正確的；如果不符合自己的判斷，那麼你也會明白哪一種思路是錯誤的。總之，**不能讓看盤的過程僅僅止步於「看」，而是需要思考，並由此得出最終的結論。**

　　股票的看盤分析方法，大致包括以下幾種。

K 線分析

　　K 線分析是指經由對 K 線形態、趨勢以及排列組合進行分析，從中判斷 K 線的市場含義，並以此進行交易的一種技術分析方法。此為日本德川幕府時代的米市商人本間宗久，用來記錄米市行情與分析價格波動的一種方法，而後被引入股市及期貨市場。在日本，K 線被稱為「罫」（日文發音

KEI）線，西方取 KEI 的第一個英文字母「K」，將其直譯為 K 線，K 線一詞由此而來。K 線圖又被稱為蠟燭圖或陰陽燭。

K 線最基本的劃分是陽 K 線和陰 K 線。收盤價高於開盤價，價格上漲的 K 線為陽 K 線；收盤價低於開盤價，價格下跌的 K 線為陰 K 線。收盤價與開盤價一致的 K 線為平線。

如圖 1-4 所示，一根 K 線包括四個部分：開盤價、收盤價、最高價、最低價。我們通常用長方形的實體來標示開盤價和收盤價，而用一根向上或向下的細線來標示最高價和最低價（即上影線和下影線）。

K 線在實戰中具有多種形態上的變化，有不帶上下影線、只有實體部分的 K 線；也有上下影線極長，而實體極小的 K 線。

圖 1-4　K 線的構成

移動平均線分析

移動平均線分析是指經由對不同時間週期的均線、均線交叉、組合以及與股價之間支撐和壓力作用的分析，來提示股價走勢的一種技術分析方法。

移動平均線簡稱「均線」，對某個時間段內的收盤價加以平均，並將這些值以線段的形式連接即構成了均線。均線分析技術在全世界金融投資領域得到了廣泛的應用，不少人認為，均線為技術分析指標之王。

不同時間週期的均線，對價格反映程度有極大的差異。例如，股價跌破 20 日均線，行情似乎將要轉勢向下，但是 60 日均線卻提示我們，這不過是一波兇悍的回落整理。理解了這種差異性，對於判斷價格運行方向和趨勢具

有非常重要的作用。因此，投資人有必要瞭解一些均線分類的知識點。

　　按照日線、週線、月線等常用分析系統進行劃分，投資人更加清楚該如何分析、判斷不同週期均線以及它們各自的作用。

1. 日線系統

　　日線系統是指「經由以每個交易日為時間單位的一系列技術指標，對行情進行分析判斷」的統稱。在日線系統中，每根 K 線代表一個交易日的交易情況。

　　日線系統是最為常用的分析系統，而不同時間的日均線，也是應用最為廣泛的一種分析和判斷行情變化的均線類別。

　　日線系統上我們常用的的包括 5 日均線、10 日均線、20 日均線、30 日均線、60 日均線、120 日均線、250 日均線、500 日均線等。

(1) 5 日均線、10 日均線

　　這兩條均線一般被定義為短期均線，它們對揭示價格的短期變化較為敏感，但是也正因為對價格變化的反應過於敏感，所以最容易被主力資金利用，時常會發出錯誤訊號。

　　短期均線是投資人觀測股價強度變化的利器，但是，如果過度關注短期均線並依此進行交易，則往往容易被眼前的得失所困擾，錯失更大的利潤。

　　如圖 1-5 所示，個股處於震盪盤整期間，5 日均線與 10 日均線之間多次發生交叉。其實，這些代表買進或賣出含義的交叉，多數都是錯誤的。如果投資人依此進行交易，必然陷入無所適從、進退維谷的窘境。

(2) 20 日均線

　　20 日均線屬於短中期均線，是非常適合判斷波段行情變化的均線類型。其時間週期決定了其不急不緩、適度反映股價變化的特點。

(3) 30 日均線

　　30 日均線屬於中期均線，雖然與 20 日均線相比略顯遲緩，但具有較強的穩定性。實戰中，很多個股在短期回落整理中會跌破 20 日均線，但一般不會跌破 30 日均線。30 日均線的穩定性，可以讓投資人避免因恐慌而過早地賣出持倉。

圖 1-5　日線系統

(4) 60 日均線

60 日均線是中長期均線，在行情波段和方向判斷上具有相對靈活的作用。無論是主要趨勢還是次級趨勢，在判斷是否發生轉勢時，60 日均線都是不可或缺的重要判斷依據和標準。

(5) 120 日均線、250 日均線、500 日均線

這三條均線都屬於長期均線，主要用於對中長期行情趨勢進行分析和判斷。120 日均線又被稱為半年線，250 日均線又被稱為年線。

從平均成本的角度來說，當價格向上越過 120 日均線和 250 日均線時，意味著半年或一年內買入的持倉者已經獲利，所以 250 日均線又被視為牛熊分水嶺。500 日均線的用法和年線類似，具有驗證和輔助的作用。

2. 週線系統

大多數中長線投資人，會選擇週線或月線系統來作為研判行情的工具。

同時，**我們難以由某些個股的日線走勢做出趨勢性的判斷，而利用週線和月線系統卻能夠一目了然地看清全域**。週線系統上的趨勢性變化一旦形成，就不會輕易改變，無論股價上漲還是下跌。

我們常用的週線系統上的均線包括 5 週、10 週、20 週、40 週、60 週、120 週均線等。至於選擇哪些均線作為自己觀測的對象，則因人而異。偏好畫面簡潔的投資人可以選擇短期、中期、長期三條均線進行觀測，不嫌煩瑣的投資人則可以多設幾條均線。

在牛市中利用週線、月線上的均線，可以鑑別行情回落的性質。其實，一些看起來很恐怖的下跌，只是一個漲勢中途的整理。

如圖 1-6 所示，該股週線系統上出現一波幅度較大、跌速較快的下跌，可能會跌破上漲趨勢線。但是我們可以看到，下方的 60 週均線和 120 週均線仍舊保持著穩定上行的態勢，顯示出其對股價下跌必然有強大的支撐。

之後，股價並未跌至 60 週均線就重新轉入升勢，說明這個下跌僅是漲

圖 1-6　週線系統

勢途中一次較為兇悍的回落整理。

　　投資人在熊市中利用週線、月線上的均線所呈現的不同形態，可以判別目前行情反彈的性質和級別，也就不會被一些短期反彈所迷惑，對操作策略的制定和風險的防範都十分有益。

　　當然，選擇不同投資策略的投資人，進場建倉的時間並不統一，但有一點是一致的： 當週線系統的中長期均線處於空頭排列、持續下行時，投資人應持幣觀望；當短期、中期、長期均線逐步聚攏黏合時，此時雖然離旭日東昇尚遠，但卻是牛市行情顯露出的第一縷曙光。

3. 月線系統

　　週線系統、日線系統相比，月線系統是更長時間單位的分析系統，它的最大優勢就在於穩定性。當一種趨勢形成後，就不會在短期內發生轉折，這也是它的週期特徵所決定的。

　　投資人在實戰中要注意，即使均線多頭排列，也並不意味著股價不會發生大幅震盪，有時這種震盪會在短時間內打破上漲勢頭，讓人覺得股價仍舊會重回熊市，繼續下跌。但這時相關的中長期均線，仍舊保持穩定的上行趨向，股價也會在不久之後重回上漲趨勢。

　　月均線和週均線代表較長的時間週期，它們所發出的漲跌訊號反映到日線系統上，可能就是連續的大漲或者連續的大跌。投資人在分析日線系統時，如果感到困惑、難以判斷，那麼從週線或月線系統上，也許就能找到答案。

4. 分鐘系統

　　上述日線、週線、月線系統，是投資人分析股價趨勢的宏觀世界，而分鐘系統則是投資人觀察股價細節變化的微觀世界。

　　分鐘系統主要包括 1 分鐘、3 分鐘、5 分鐘、15 分鐘、30 分鐘、60 分鐘等，在不同操作風格的投資人手中，這些時間週期不等的分鐘系統發揮著各自的作用。

　　在一個短線投資人眼中，分鐘系統上的 K 線圖和均線，能夠提供大量

可供交易的機會，而對於一個中長線投資人來說，則不必過於關注分鐘系統上這些細微的波動。

　　無論是分鐘圖還是日線圖、週線圖、月線圖，投資人都可以在均線的幫助下，找到相應的價格運行趨勢。對於分鐘系統上的均線，投資人可以根據自己的操作風格和習慣進行設置。

　　分鐘系統的主要作用在於分析股價波動中的細節。例如，日線系統上出現連續陰線，似乎跌勢仍會繼續，但是投資人如果經由分鐘系統進行分析就會發現，其實股價正在醞釀一波反彈行情。

　　不同時間週期的分鐘系統，其所代表的股價波動級別也大不相同。例如，1 分鐘系統顯示股價將會出現反彈，但反映到日線系統上，可能只是一次 1 小時的短暫彈升，之後股價仍會下跌。

　　在均線分析理論中，葛蘭碧的八大法則無疑最為著名，被視為均線經典理論。下面簡要介紹其主要內容。

　　● **法則一**：均線從下降逐漸走平且略向上方抬頭，而股價從均線下方向上方突破，此時為買進時機。

　　● **法則二**：股價位於均線之上運行，回檔時未跌破均線，之後再度上升，此時為買進時機。

　　● **法則三**：股價位於均線之上運行，回檔時跌破均線，但均線繼續呈上升趨勢，此時為買進時機。

　　● **法則四**：股價位於均線以下運行，突然暴跌，距離均線太遠，極有可能向均線靠近，此時為買進時機。

　　● **法則五**：股價位於均線之上運行，連續數日大漲，離均線越來越遠，說明近期內持倉者獲利豐厚，隨時都會產生獲利回吐的賣壓，此時為賣出時機。

　　● **法則六**：均線從上升逐漸走平，而股價從均線上方向下跌破均線，說明賣壓漸重，此時為賣出時機。

　　● **法則七**：均線和股價在下行趨勢中，股價反彈並漲升至均線上方，而均線卻繼續下行，此時為做空時機。

● **法則八**：股價位於均線下方運行，反彈時未能突破均線，當股價再度出現下跌時，為賣出時機。

　　如圖 1-7 所示，在以上的八法中，前四個是買進法則，後四個為賣出法則。投資人在理解與應用這些法則時要明白一點：這八種法則絕非是投資人可以原樣照搬的範本，還需要根據不同行情趨勢或者不同時間週期的均線，在實戰中進行驗證和完善，這個過程也就是投資人建立屬於自己的交易系統的過程。

圖 1-7　葛蘭碧的八大法則

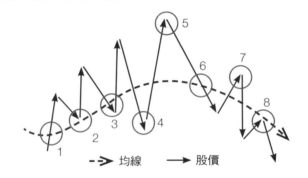

```
              5
          6       7
                      8
   3   4
  1  2
  --▶ 均線    ──▶ 股價
```

趨勢分析

　　趨勢分析是指對個股或大盤的長期運行趨勢予以分析，並對趨勢的突破方向進行判斷和確認，從而辨識市場運行軌跡的一種技術分析方法。本書將詳細講解如何應用趨勢分析。

　　所謂「看大勢，賺大錢」，這句股諺的意思就是：只有看明白行情運行的大趨勢，才是能否賺到大額利潤的關鍵。

　　埋頭於股價細節波動裡賺取蠅頭小利的人，如果置大勢於不顧，只是盲目取利，還可能面臨滅頂之災。趨勢分析至少能讓投資人明白，自己究竟是與市場趨勢對抗？還是在順勢而為？

趨勢分析可以讓投資人從股價細節波動中脫身，從而在大趨勢上發現市場的真實方向；也可以讓投資人避免陷入股價細節波動所帶來的悲觀情緒。也許只有當投資人學會俯瞰股票市場時，才能發現股價的一切波折不過是滄海之中的一絲微瀾。

投資大師彼得・林奇不斷強調，投資人在市場中應該具有一種大局觀，更有利於投資人保持良好的心態。1987 年的美國股災，使林奇管理的麥哲倫基金遭受了較大的損失，一度讓他鬱鬱寡歡。林奇從大局觀出發，詮釋了這場股災，最終連實戰中也戰勝了市場。

在大股災的背景下，1987 年，麥哲倫基金仍舊保持了正收益，並連續 10 年超過共同基金的平均收益水準。後來他在回憶時說：「每當我懷疑現狀和感到沮喪時，就把注意力集中到更人的畫面，如果你期望在股市上能夠堅守信念的話，那麼更大的畫面是值得瞭解的。更大的畫面告訴我們，在過去的 70 年中，股票平均每年產生 11% 的回報率，而國庫券、債券、定期存單的回報率則不足股票的一半。儘管 21 世紀以來股市發生了大大小小的災難，每次都有上千條理由讓人相信世界末日即將來臨，但長期數據表明，持有股票的回報是持有債券的兩倍。如果投資人能相信這些數據並據此行動，那麼長期的效果，會遠勝於相信 200 個專家或顧問關於經濟衰退的預言。」

技術指標分析

技術指標分析，是指經由多種技術指標，來研判股價和大盤走勢的一種技術分析方法，本書中將詳細講解 MACD 指標。

技術指標在分析和判別股價變化的過程中，重要性毋庸置疑。比較常用的技術指標包括均線、MACD 指標、RSI 指標、CCI 指標、KDJ 指標、布林通道指標、寶塔線指標、威廉指標等。

布林通道發明人布林格先生曾說：「布林通道上軌的邊界本身並不是一個賣出訊號，也可能是買入訊號；下軌的邊界本身並不是一個買入訊號，也可能是賣出訊號。你必須要有更多的參考因素，來判斷其到底是買入還是賣出訊號。在有趨勢的市場中，價格可能沿著布林通道的軌道上升，也可能沿

著布林通道下軌下降。」

布林格先生的這段話，主要是提醒投資人在應用任何技術指標時，都不能刻舟求劍，亦不可將技術指標作為唯一的交易依據，投資人需要綜合運用多項技術手段來互為佐證。

成交量分析

成交量分析是指經由分析個股和大盤成交量，來判定未來價格走勢的一種技術方法，本書也會詳細講解成交量和換手率的實戰內容。

成交量是指交易市場的買賣雙方，在某個單位時間內對某項標的成交的數量，能夠直接反映出股票市場是低迷還是高漲。其計算單位為張或股，1張等於 1000 股。

如果成交量稀疏，說明參與交易的人或資金屈指可數，股票市場必然處於萎靡的狀態中；如果成交量密集，則說明參與交易的人或資金眾多，股票市場必然處於亢奮的狀態中。

實戰中，成交量的放大與縮小並不能決定價格的漲或跌，只能具有關鍵性的催化作用。投資人在這一點上必須有明確的認知，這也是正確認識和分析成交量的技術基礎。

成交量分析是技術分析中的重要組成部分。如果投資人漠視成交量的狀況，僅僅專注於其他技術分析形式，則很容易脫離市場的實際情況，被技術分析的格局所困，最終得到的結論，很難對實戰產生有益的幫助。

但是，投資人使用單一的成交量分析，也難以對價格趨勢做出判斷，必然會在實戰中出現這樣或那樣的錯判。因此，只有綜合性分析，才是所有技術分析形式得以發揮和展示不同作用的大前提。

與成交量息息相關的是成交金額，這也是投資人需要瞭解的一個概念。成交金額是指市場的多空（買賣）雙方，在某個單位時間內成交的某項標的金額。

在談及大盤指數成交數額時，我們習慣說成交金額，比如，某天滬市或深市成交多少億元。而說到個股時，我們習慣說成交量或換手率，比如，某

股日成交量是多少張或多少股，或是當日換手率為多少。

　　在成交量相同的情況下，因為個股股價不同，所以成交金額必然不同。例如，某股日成交量為 1 億股，均價為 10 元（本書所有金額皆指人民幣）；另外某股日成交量也是1億股，均價為 20 元，二者的成交金額顯然有較大的差距。

　　實戰中，成交金額分析和成交量分析很相似，而成交金額在資金流動分析上，似乎更能直觀地反映出某一時間段內，市場有多少真金白銀在流進或流出。

盤面數據分析

　　盤面數據分析，是經由重要的數據資訊對未來價格走勢進行判斷的一種技術方法。盤面上顯示的是股價即時交易變化的細節。其中，有些交易細節的變化一閃即逝， 投資人無法經由事後復盤重現，不能像 K 線圖和均線，可以盤後再進行復盤分析。

　　但這些即時盤面數據，往往能夠顯露出主力隱藏的真實意圖，讓投資人避免上當受騙， 並做出正確的投資決策。所以，盤面數據分析的重要性不言而喻。

1分鐘重點複習

1-1 <u>盤面術語最基本的作用，是讓我們至少看得懂股評，也能避免錯誤理解，而帶來與預期截然相反的投資結果。</u>

1-2 <u>最基本的往往是最關鍵的，投資人必須非常熟悉盤面數據和分時圖。</u>

1-3 <u>其實，能讓你賺錢的方法就是最好的方法。</u>

Chapter 2

我先看趨勢，
從大盤看到個股做到
「順勢而為」

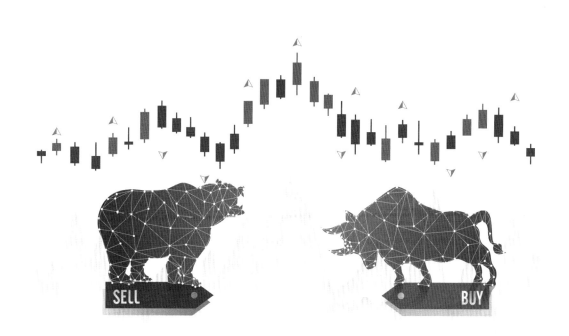

2-1

教你用 5 個定理 3 個假設，
看出行情的大趨勢

趨勢與道氏理論

不謀全域者，不足以謀一隅。看大局是成功的投資人必備的素質，表示對某事物具有整體的洞察力。在股票市場上，大局就是股票及股票市場的大趨勢。

股票趨勢是指在某個時間週期內，股票價格波動保持在一個相對穩定的運行方向上。趨勢就是股票的運行方向，如果投資人看不清方向，那麼未戰就已先輸。

分析股票趨勢能夠讓投資人看清楚目前股價所處的階段，並權衡自己應該採取什麼交易策略。趨勢可以讓投資人明確知道，什麼時候應當買進並堅定持有，什麼時候應當賣出離場。

例如，在牛市中，投資人應當以積極做多、堅定持倉為主要投資策略，不宜因恐懼而頻繁做空；在熊市中，投資人應當以迴避和觀望為主要投資策略，即使操作，投資人也應以短線進出為主，不宜長期持有。

在辨清股票大趨勢的同時，投資人還需要對不同級別的趨勢有一個清晰的認識，否則，分不清主次之別，必然帶來交易策略上的混亂。

大趨勢總是由中小趨勢構成，但中小趨勢並不一定時刻與大趨勢同步，甚至處於相逆的態勢中。在股價的波動中，投資人唯有釐清不同級別趨勢之間的關係，才能真正看懂股價未來運行的大方向。

我們講到趨勢，就不得不講道氏理論。道氏理論是技術分析的基石和精

髓，理解道氏理論讓投資人更能領會趨勢與實戰的關係。下面簡要講述道氏理論中最為重要的五個定理和三個假設。

1. 五個定理

【定理一】

市場指數有三種走勢，這三種走勢可以同時出現。

第一種走勢最重要，它是主要趨勢（或稱之為大趨勢），呈現出整體向上或向下的走勢，被稱為多頭或空頭市場，期間可能長達數年。第二種走勢最讓人難以捉摸，它是次級折返走勢（或稱之為中期走勢），是主要多頭市場中的重要下跌走勢，或是主要空頭市場中的反彈，這種走勢通常會持續三個星期至數個月。

第三種走勢通常較不重要，它是每天波動的日內走勢（或稱之為短期趨勢）。

【定理二】

主要走勢代表整體的基本趨勢，通常被稱為多頭市場（牛市）或空頭市場（熊市），持續時間可能在一年以內乃至數年之久。正確判斷主要走勢的方向，是投機行為成功與否的最重要的因素，但沒有任何已知的方法可以預測主要走勢的持續期限。

【定理三】

主要的空頭市場是長期向下的走勢，其間夾雜著重要的反彈。它來自各種不利的經濟因素，唯有股票價格充分反映可能出現的最糟情況後，這種走勢才會結束。

空頭市場會歷經三個主要的階段：第一階段，市場參與者不再期待股票可以維持過度膨脹的價格；第二階段，賣壓反映出經濟狀況與企業盈餘的衰退；第三階段，來自股票的失望性賣壓，不管其價值如何，許多投資人都急於變現　部分甚至全部股票。

【定理四】

主要的多頭市場是一種整體性的上漲走勢，其中夾雜著次級折返走勢，平均持續時間長於兩年。在此期間，由於經濟情況好轉與投機活動轉盛，所

以投資性與投機性的需求增加，股票價格被推高。

多頭市場有三個階段：第一階段，人們對未來的投資前景恢復信心；第二階段，股票對已知的公司盈餘改善產生反應；第三階段，投機熱潮更加猛烈，而股價明顯膨脹，這一階段的股價上漲是基於投資人的「希望」。

【定理五】

次級折返走勢是多頭市場中重要的下跌走勢（牛市中的大整理），或空頭市場中重要的上漲走勢（熊市中的強反彈），持續時間通常在三個星期至數個月。在此期間，折返的幅度為前一次級折返走勢結束之後，主要走勢幅度的 33%~66%。

次級折返走勢經常被誤以為是主要走勢的改變，因為多頭市場的初期走勢可能僅是空頭市場的次級折返走勢，相反的情況會發生在多頭市場出現頂部後。

2. 三個假設

【假設一】

指數每天、每星期的波動可能受到人為操縱，次級折返走勢也可能受到這方面的影響，比如常見的整理走勢，但主要趨勢不會受到人為的操縱。

【假設二】

市場指數反映了所有可用的資訊。每一位對金融事務有所瞭解的市場人士，他所有的希望、失望與知識，都會反映在道瓊指數或其他指數每天收盤價的波動中，因此，市場指數永遠會適當地預期未來事件的影響。如果發生火災、地震、戰爭等災難，市場指數也會迅速地加以評估。

【假設三】

道氏理論並不完美，如果投資人想要成功利用它投機或投資，需要深入研究並客觀地綜合判斷，絕不可以用「希望」去思考和判斷。

趨勢類別

依據股價運行方向的不同，趨勢可分為以下三種。

1. 上漲趨勢：股價從低點波動上升。如圖 2-1 所示，該股股價整體保持向上運行的形態。

2. 下跌趨勢：股價從高點波動下降。如圖 2-2 所示，該股股價整體保持向下運行的形態。

3. 水平趨勢：股價在某一區間內上下波動，多個股價高點大致在相近的點位上，多個股價低點也大致在相近的點位上。這種形態也被稱為橫向震盪走勢或箱體走勢。如圖 2-3 所示，該股股價高點在大致相近的價位上，而股價低點也大致在相近的價位上，股價整體保持著橫向水平波動的形態。

圖 2-1　上漲趨勢

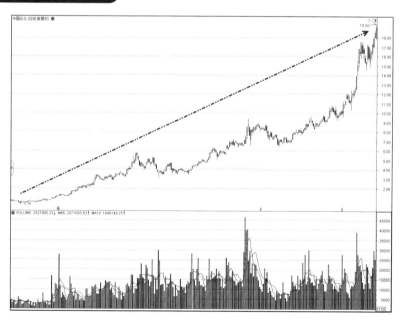

圖 2-2　下跌趨勢

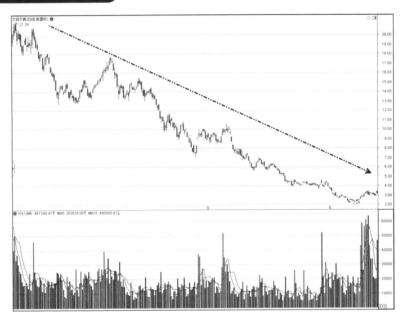

圖 2-3　水平趨勢

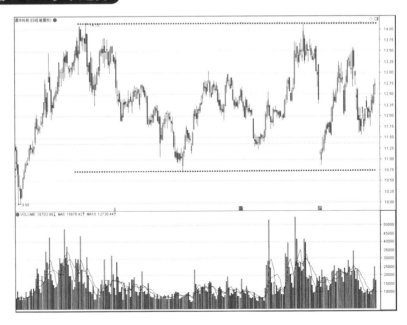

　　依據道氏理論，趨勢可以分為主要趨勢、次級趨勢、短期趨勢。

　　1. 主要趨勢：價格運行的長期趨勢，其特點為週期較長，且趨勢一旦形成不易改變。主要趨勢可分為主要上漲趨勢（牛市）、主要下跌趨勢（熊市）。如圖 2-4 所示，A 線段是深證成指一輪轟轟烈烈的主要上漲趨勢行情，即牛市行情。隨之而來的 B 線段，則是見頂回落的主要下跌趨勢行情，即熊市行情。

圖 2-4　主要趨勢

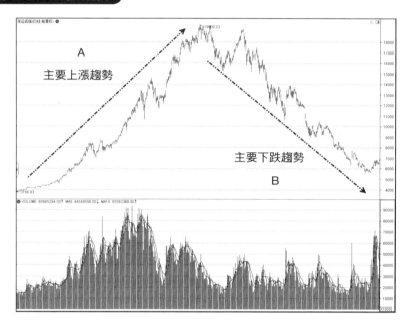

　　2.次級趨勢：與主要趨勢運行方向相反（或相同）的一種中期行情走勢，其對主要趨勢具有一定的阻滯、干擾（或加速）作用。次級趨勢還應包括因趨勢線變軌出現的同方向、低級別的趨勢。

　　在主要上漲趨勢中，次級趨勢大多是指中期下跌的回落整理行情。如圖 2-5 所示，在一個主要上漲趨勢運行期間，股價在 A 處和 B 處分別出現了一波時間較長、幅度較大的回檔，即次級下跌趨勢。

圖 2-5 次級趨勢——回檔行情

在主要下跌趨勢中，次級趨勢大多是指中期上升的反彈行情。如圖 2-6 中的 A 處所示，該股在主要下跌趨勢運行期間，股價出現一波時間較長、幅度較大的反彈行情，即次級上漲趨勢。

3. 短期趨勢：孕育於次級趨勢和主要趨勢之中，代表股價短期的波動。在主要（上漲或下跌）趨勢運行期間，次級趨勢的出現相對較少，而短期趨勢則始終存在於股價運行的過程中。

雖然短期趨勢變化過於頻繁，而且易於操縱，往往會給投資人帶來誤判，但是趨勢的轉化總是從短期趨勢開始，短期趨勢可以演化為中期趨勢，中期趨勢也可以演化為主要趨勢。短期趨勢的優勢在於能夠及時提示行情發生質變，所以在實戰中，短期趨勢分析也是不容忽視的。

圖 2-6　次級趨勢——反彈行情

2-2

如何繪製正確的趨勢線？

如何繪製趨勢線？

趨勢是一把「尺規」，投資人可以依照這把「尺規」的提示，順應趨勢規律進行操作。順勢而為是投資人進行趨勢分析和操作的主旨，也是保全本金、獲取收益最簡易的一種方法。為了便於識別趨勢，我們常用趨勢線來標示價格的運行趨勢。

趨勢線是指根據股價或指數的變動，經由連接兩個或多個重要的低點或高點，所畫出的一條順應價格運行方向的直線。投資人在繪製趨勢線時，應儘量正確反映價格的運行趨勢，只有這樣，才能使趨勢線對未來行情發展具提示作用。

趨勢線是分析價格趨勢及其變化最有效的工具之一，正確地繪出上漲趨勢線、下降趨勢線和水平趨勢線，有助於投資人對行情變化和趨勢拐點的出現，提前做出判斷。

投資人繪製趨勢線要做到三點：第一，至少確定兩個重要的低點或高點；第二，這兩個點在時間週期上不能過於接近；第三，趨勢線能夠正確反映價格整體運行情況。

1. 上漲趨勢線

股價在上漲趨勢中，高點不斷刷新，低點亦隨之抬高。依次取股價的兩個重要的低點，將其連接畫出一條向上延伸的直線，即上漲趨勢線。在實戰

中，一條上漲趨勢線維持的時間越長，其對股價的支撐力道越強。一條被確定有效的上漲趨勢線，對技術分析有重要的意義。

　　如圖 2-7 所示，A 點是股價盤整震盪中的最低點，股價經過一波震盪上漲後，出現中期整理，B 點為中期整理的最低點。A、B 兩點的連線即上漲趨勢線。A、B 兩點之間長達十個月的時間週期，是較符合要求的。如果 A、B 兩點之間間隔時間過短，則可能難以明確地反映出價格的整體趨勢。

圖 2-7　上漲趨勢線

2. 下跌趨勢線

　　股價在下跌趨勢中，高點逐步下移，低點亦不斷刷出新低。依次取股價的兩個高點，將其連接畫出一條向下延伸的直線，即下跌趨勢線。在實戰中，一條下跌趨勢線維持的時間越長，其對股價的壓力強度越大。一條被確定有效的下跌趨勢線，對技術分析有重要的意義。

　　如圖 2-8 所示，A 點為該股頂部高點，B 點為震盪盤整中的反彈高點，

它們都是相對重要的點位。A、B 兩點的時間週期為七個月左右，也較為合適。當 C 點股價急速反彈並接近這條趨勢線時，便失去了繼續上漲的動力，顯示出這條趨勢線具有較強的壓力。

圖 2-8　下跌趨勢線

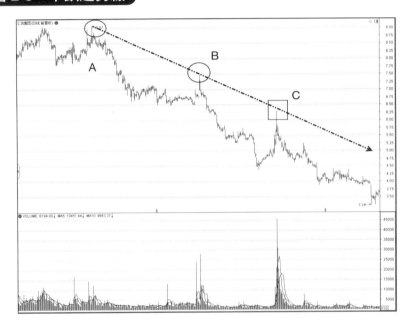

趨勢線變軌

　　一條主要趨勢線（無論是上漲趨勢線還是下跌趨勢線）形成之後，很少能夠貫穿整個主要趨勢始終，中間必然存在著多個角度的改變。

　　我們必須明確一點，趨勢線角度的改變並不意味趨勢中斷，只是股價運行途中因速率、波動頻率發生變化，而產生的一種正常範圍內的角度變化。但是隨著主要趨勢線的變軌，變軌後的趨勢線可能會變為中短期趨勢線，以反映股價中短期變化為主。在這種情況下，原主要趨勢線仍有效力。

　　如圖 2-9 所示，該股由 A、B 兩點構成第一條上漲趨勢線(1)，但在經過

長時間運行後，股價的運行已經遠離這條趨勢線。如果投資人仍以這條趨勢線來觀測股價的運行，可能就難以對股價的變化做出及時判斷。

　　在這種情況下，投資人有必要重新畫一條上漲趨勢線，將 C 點和 D 點相連，就形成了第二條趨勢線 (2)。之後，股價上漲角度再次向上傾斜，將 D 點和 E 點相連，即可畫出第三條上漲趨勢線 (3)。

　　這個過程就是趨勢線變軌。研究趨勢線變軌的目的，在於能夠及時有效地發現和分析股價整體運行的情況。

圖 2-9　趨勢線變軌

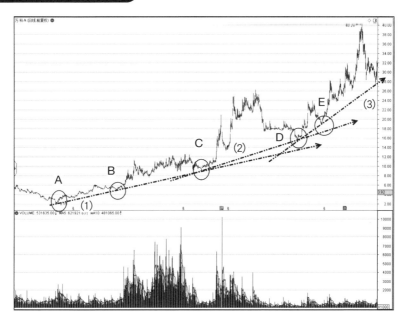

2-3

針對 3 種趨勢的個別操作技巧

主要趨勢中的交易機會

1. 什麼是趨勢突破

　　任何方向上運行的趨勢都不可能永遠存在。上漲趨勢終有一天會發生轉折，隨之轉向下跌或者橫向震盪，下跌趨勢也是一樣的道理。趨勢的改變從短期股價走勢開始，但需要一個認定的過程。這個認定的過程一旦被確立，舊趨勢便被突破，新趨勢便由此產生。

　　趨勢線的重要作用之一，就是及時反映趨勢被突破。關於趨勢被突破，我們一般認為應具備以下兩個條件：

- 突破趨勢線 3 個交易日以上。
- 突破幅度大於 3%。

　　實戰中，價格的變化形式總是多於投資人所設定的條件。上述兩個條件只給予了基本的認定標準，並沒有要求投資人必須按圖索驥，否則，不管使用哪種技術分析形式，最終都會被實際變化擊打得體無完膚。

　　實戰的核心條件就是在上述兩個標準之外，投資人觀測到價格突破某條趨勢線後，是否具有質的變化。如圖 2-10 所示，該股股價在下跌過程中，由 A、B 兩點構成一條下跌趨勢線，之後股價一直處於震盪下跌的趨勢中。C 點股價第一次上衝，挑戰這條代表下跌趨勢維繫的趨勢線，雖然結果並不理想，但股價很快就止跌並開始低位盤整，並未再一次下跌創出新低。

　　這種現象非常值得投資人關注，因為很多個股在突破下跌趨勢線之前，在構築底部的過程中，雖然股價看上去走勢很弱，但在一些重要的技術關口上，卻會表現出「該跌不跌」的韌勁。

　　如圖 2-10 所示，C 點股價遭遇下跌趨勢的重壓，本該出現創新低的大跌，即使不創出新低，至少一段時間內股價也會一蹶不振，難以組織起有力道的上漲。C 點過後不久，股價再一次挑戰下跌趨勢線，並在 D 點成功站上這條具有重大技術意義的趨勢線。

圖 2-10　趨勢突破

　　股價處於弱勢中，卻在弱勢中隱藏著不易被覺察的強勁，原因何在？這就是主力資金的力量。一些有主力資金底部建倉的個股，往往就是這種「暗度陳倉」的走勢，在眾人不易覺察的股價弱勢中，暗自吸納籌碼。也只有長時間用心觀察追蹤的投資人，才能發現其中的奧妙。上述案例中所講的就是趨勢線被突破應該具備的核心條件——有主力資金的積極運作。

2. 上漲趨勢形成與突破的買點

在主要下跌趨勢運行過程中，當股價向上突破主要下跌趨勢線並得到有效支撐後，投資人應及時調整行情的操作思路，迅速進入由底部構築和上漲趨勢逐步形成的操作方式中。

如圖 2-11 所示，C 點股價上漲，挑戰主要下跌趨勢線，並在這條趨勢線附近反覆拉鋸。不要小看這個反覆拉鋸的走勢，如果沒有主力資金關照的個股，就很難在重大壓力區域出現這種技術形態。

D 點股價終於突破主要下跌趨勢的壓力，並在回落時得到有效支撐，這意味著行情可能發生趨勢性的轉折，投資人理應轉變操作策略，積極面對行情變化。

如圖中所示，該股股價在突破主要下跌趨勢線之前，於 A、B 兩點構築了一條上漲趨勢線(1)。

圖 2-11　上漲趨勢形成與突破的買點

從技術意義上來說，在股價發生突破之前，即在主要下跌趨勢線之下形成的任何上漲趨勢線，都只能暫時被認定為是短期的，並且不具有趨勢質變的含義。因為在主要下跌趨勢運行過程中，一些級別較大的中級反彈行情，往往也會形成中短期的上漲趨勢線。當反彈結束後，這些中短期的上漲趨勢線便會被打破，行情趨勢重回下跌。

如圖中所示，當 C、D 兩點形成趨勢突破，A、B 兩點形成上漲趨勢線時，其技術意義也隨之改變。隨著股價呈現出陡峭的升勢，趨勢線發生變軌。而 B、D 兩點形成了第二條上漲趨勢線(2)，為投資人指明了操作方向。需要注意的是，這條趨勢線上升的角度過於陡直，也就昭示著一旦股價有效跌破這條趨勢線，該股股價將會迎來下跌或者橫向震盪盤整的走勢。

3. 突破後回測的買點

當股價突破主要下跌趨勢線之後，有些個股會出現一個回測的動作，即股價跌到下跌趨勢線附近，測試是否存在支撐。當這個測試完畢後，往往會帶來極佳的買點。需要提醒投資人的是，並不是所有突破下跌趨勢線的個股都會出現回測。

如圖 2-12 所示，A 點股價突破主要下跌趨勢線，隨後出現一波快速上漲行情。之後，股價迅速回落，並在 B 點一度跌破主要下跌趨勢線。這種情形出現在實戰中，會讓很多投資人認為該股只是誘多性質的假突破，後市可能還會繼續下跌。

該股雖然跌破主要下跌趨勢線，卻並未繼續下跌，而是再次向上突破這條下跌趨勢線並重回上漲，這個技術形態就是回測。

出現回測的原因有很多，比如主力清洗浮籌、吸納籌碼、墊高市場持倉成本等。實戰中分析股價回落的性質（究竟是回測還是回歸下跌趨勢），關鍵就在於觀測主要下跌趨勢線是否能夠提供足夠的支撐力道。該股於 B 點跌破了主要下跌趨勢線，是不是就說明這條趨勢線不具有支撐力道呢？

支撐與壓力的存在並不是依據某條線被打破來確定的，而是由股價的後續表現來確定的。

例如，支撐線能否給予股價強力支撐，不在於這條線是不是被跌破，而

圖 2-12　回測的買點

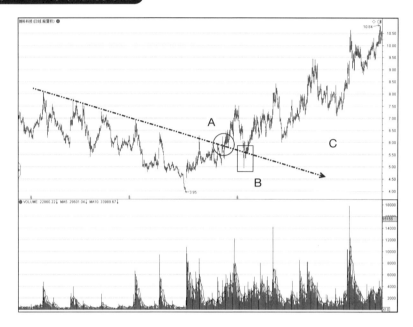

在於股價是否由此獲取重新上漲的動力。同樣地，一條壓力線是否具有強大的壓力，也不在於這條線是否被漲破，而在於股價是否由此受壓轉為下跌，這才是支撐與壓力的核心技術意義。

　　如圖 2-12 所示，B 點股價雖然跌破了主要下跌趨勢線，但很快就轉跌為升。回測確認的完成，既驗證了這條趨勢線支撐的有效性，又為投資人提供了極佳的買點。

4. 下跌趨勢形成與突破的賣點

　　價格的突破既有向上的突破，又有向下的突破。在主要上漲趨勢維繫期間，股價一旦向下突破這條主要上漲趨勢線，並在之後明顯受到這條趨勢線的壓力，那麼這就是一個需要投資人改變操作策略和思路的重大拐點。如圖 2-13 所示，該股一直依托主要上漲趨勢線穩定運行，期間的回落整理都能在這條趨勢線之上得到支撐。

圖 2-13　主要趨勢形成與突破的賣點

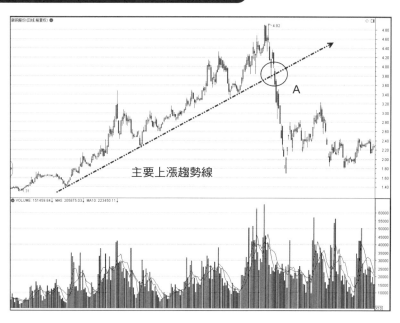

A 點股價出現急跌，當其跌至這條趨勢線附近時，略作停留便打破支撐繼續下跌。對於這種明顯有別於之前回落整理的情形，投資人應及時減倉操作。

一條主要趨勢線一直存在著強支撐，一旦支撐不再出現，說明技術上必然發生了重大變故，投資人至少應降低部分倉位來應對。如果股價在短時間內不能及時收復，並重新在這條趨勢線之上「站穩」，說明行情的主要趨勢可能已經發生扭轉。

5. 突破後反彈的賣點

主要上漲趨勢線被股價向下突破後，意味著整個主要上漲趨勢可能由此發生轉折。但一輪牛市上漲帶給市場的財富激增效應，仍會在一段時間內影響投資人的慣性思維。同時，部分主力資金並不認同牛市已經結束、熊市已經到來的事實，但是在嚴酷的大跌環境中，也只能被迫尋找時機減倉出貨。

基於市場普遍存在對牛市留戀不捨的心理基礎，一些個股向下有效突破主要上漲趨勢線之後，會出現一個向上的反彈。這個反彈是部分主力資金借機出逃的窗口，也是懂得趨勢技術分析的投資人最後逃命機會。

如圖 2-14 所示，A 點股價向下突破主要上漲趨勢線，經過震盪下跌後，股價開始反彈。B 點股價在反彈到上漲趨勢線附近時，開始上下盤整震盪，這就是一個標準的反彈形態。

實戰中，當股價反彈到主要上漲趨勢線附近時，如果股價開始出現滯漲，成交量相比反彈過程中有縮減，那麼投資人應及時清倉離場。

圖 2-14 反彈賣點

次級趨勢的交易機會

1. 反彈的買點

在熊市行情裡，投資人應該保持謹慎觀望的態度。熊市中大多數的短期反彈並不適合參與，投資人在熊市中選擇交易時機時，應當慎之又慎。

從資金安全性的角度來講，一般投資人應放棄熊市中短期反彈的機會。在熊市中適合大部分投資人參與的，應該為次級上漲趨勢的反彈行情。

　　在熊市下跌行情中，能夠達到次級上漲趨勢的反彈行情並不多，這種上漲幅度大、延續時間長的強反彈行情，往往出現在股價暴跌或連續性急跌之後。而這時，大多數投資人恰好處於最膽戰心驚，甚至是剛剛賣出的低落時刻，沒有多少人敢於選擇逆勢買入。

　　實戰中，投資人可以利用通道線的方法來尋找反彈的買點。首先，我們先畫出一條主要下跌趨勢線，再以股價低點畫一條和主要趨勢線平行的直線，兩條線之間的距離以能夠涵蓋股價運行重心為宜。如圖 2-15 所示，該股形成主要下跌趨勢，我們以 A 點的股價低點畫一條平行於主要下跌趨勢線的直線，二者構成一個下跌通道。

圖 2-15　反彈的買點

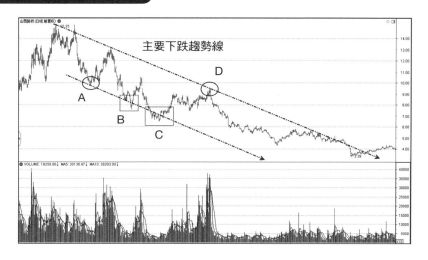

　　當股價發生暴跌或連續性急跌時，我們要觀測這個下跌通道的下沿能否對股價有支撐作用。當股價開始反彈時，我們要觀測下跌通道的上沿，因為上沿附近極有可能就是反彈的終點。

　　雖然 B 點和 C 點股價都跌破了下跌通道的下沿，但我們明顯可以看出，隨後股價都在下沿附近止跌並展開盤整或反彈。這就表現出了技術支撐的存在，也是投資人嘗試介入的第一時點。

C 點展開次級反彈，至 D 點觸及主要下跌趨勢線後結束反彈，這個過程符合通道操作規則，比較有利於投資人操作。而 B 點的反彈較為迅速，維持時間較短，操作起來難度較大。雖然投資人利用通道規則可以找到介入點，但較難判斷反彈的高點位置，需要具有一定的看盤分析時間和能力。

之所以出現這種情況，是源於價格的波動變速原理：價格出現大幅波動之後，相鄰的波動幅度大多會較小；反之，價格出現連續小幅波動之後，出現大幅波動的可能性較大。在 B 點之前發生過一次強反彈（A 點啟動的次級反彈），兩次反彈時間較近，必然影響 B 點反彈的高度和持續時間。

總之，投資人在實戰中利用下跌通道捕捉反彈行情時，還需要根據量價關係、整體跌幅、時間週期等進行具體分析。並不是跌至下跌通道下沿的股價，都會引發次級上漲趨勢，有時可能只是短期反彈。

2. 中期回檔的買點

在牛市行情裡，當次級下跌趨勢（或稱為中期回落整理）出現時，便是投資人選擇介入的較佳時機，同時也是波段操作和調倉換股的最佳時點。

投資人在實戰中不可心存僥倖，有些人在牛市中仍然虧錢，就是因為在次級下跌趨勢中出現重大操作失誤造成的。一波兇悍的次級趨勢下跌，能吞噬掉整個漲幅的 50% 以上。

如圖 2-16 所示，該股運行於上漲趨勢中，A 點出現一波次級下跌趨勢，看起來似乎並不嚇人，但如果投資人身臨其境，則感受絕對不同。圖 2-16 中左上角的小圖就是將 A 點次級下跌趨勢放大後的走勢：連續的跳水走勢，讓人感到如臨深淵、如履薄冰。

投資人在此過程中想找到介入的機會，必須要有耐心和技術，如果盲目猜測下跌趨勢完結，貿然介入必然會被套。這時如果交易心態出現問題，在股價的繼續下跌中，因恐慌而出場，那麼連續幾次這樣的操作之後，必然導致較大的虧損。之後，股價上漲、牛市繼續，而你卻在虧損。

如圖 2-16 所示，次級下跌趨勢開始後，投資人應耐心等待。當 B 點股價在主要上漲趨勢線之上得到支撐，重回升勢並向上突破次級下跌趨勢線，成交量從萎縮狀態轉為明顯放量時，一個極佳的買點機會就到來了。而另一

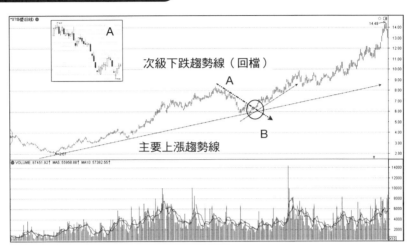

圖 2-16　中期回檔的買點

次級下跌趨勢線（回檔）

A

B

主要上漲趨勢線

個較佳的買點，是在股價重回升勢並形成上漲趨勢線變軌，股價得到上漲趨勢線的支撐之時。

3. 中期反彈結束的賣點

　　在主要下跌趨勢運行過程中，能夠達到次級上漲趨勢的反彈不會很多。在次級上漲趨勢（也就是中期反彈的末期）中，投資人即便被套，也應停損離場，因為次級上漲趨勢一旦終了，行情便會回歸到熊市下跌的主趨勢。熊市中有很多逃頂成功的投資人，在參與中期反彈行情套牢，因遲遲不肯停損，最後使小虧變成了巨虧。

　　投資人在參與中期反彈行情時，一旦發現股價有效跌破次級上漲趨勢線時，應該做好離場的準備。如圖 2-17 中 A 點所示，當股價向下突破次級上漲趨勢線，並在短期內無力收復該線時，投資人應及時賣出離場。

　　實戰中，趨勢線變軌理論不但適用於主要趨勢，也同樣適用於中短期趨勢。如圖 2-17 所示，在這個案例中的反彈行情中，最初形成的第一條次級上漲趨勢線(1)角度過於平緩，難以反映出股價後續急速上漲的態勢。在這種情況下，投資人應及時修正趨勢線變軌，繪製一條最能表現股價當前變化

的趨勢線 (2)。只有這樣,當股價發生重大變化時,才能在第一時點發現,並以較佳的價位賣出持倉。

圖 2-17　中期反彈結束的賣點

4. 觸及上方趨勢線的賣點

　　如果在熊市下跌行情中出現中期反彈行情,投資人需要密切關注股價逼近主要下跌趨勢時的表現,反彈行情多數會在這個位置結束。實戰中,有些強勢個股會出現突破主要下跌趨勢線後,再結束次級上漲趨勢的情況,這種走勢容易使人誤判,以為趨勢性轉折正在發生,進而做出錯誤的決策。

　　如圖 2-18 中 A 點所示,股價觸及主要下跌趨勢線後,並未轉為下跌,反而突破下跌趨勢線開始急速上漲。之後,股價再次發生回落並創出新低。圖中標示 (1) 的下跌趨勢線已經失去了指示作用,這是否說明下跌趨勢已經結束,股價已經反轉?但股價依然下跌創出新低,這種形態該如何被認定?

　　在前文中我們提到過價格的波動變速原理,即價格出現大幅波動之後,接下來相鄰的波動幅度大多會較小;反之,如果價格連續出現小幅波動,那麼接下來出現大幅波動的可能性較大。

　　圖 2-18 中 A 點之前的股價反彈情況:數次反彈的持續時間和幅度都相

對較小，沒有發生過一次和 A 點級別相近的反彈。由此可見，價格的波動變速是 A 點強反彈發生的主因之一，而股價在反彈之後再創新低，說明下跌趨勢並未改變，但主要下跌趨勢線將會隨著股價的劇烈波動而產生變軌，如標示(2)的趨勢線是後市趨勢線的變軌。投資人需要對這種頗具誤導性的走勢格外警惕，可以經由量價等技術手段進行綜合研判。

圖 2-18　觸及上方趨勢線的賣點

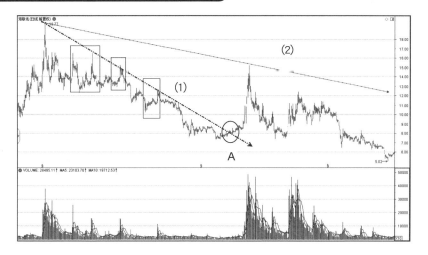

短期趨勢的交易機會

當主要趨勢發生重大變化時，最初的異動就是從短期趨勢開始。對於投資人來說，研判短期趨勢是重要的看盤功課。

1. 向上突破下跌趨勢線

股價由跌轉升的過程中，必然會面臨上方不同級別下跌趨勢的壓力。如果個股有繼續維持升勢的意圖，那麼股價逐步攻克上方不同級別的趨勢線，就是最基本的條件。

從技術分析的角度來說，突破短期下跌趨勢，只能說明股價在短期內具

有相對強勢的狀態，並不能得出該股中長期一定會繼續上漲的結論。短期趨勢能否過渡到次級趨勢、主要趨勢，是在股價運行中逐步確認的。股價只有表現出必要的強勢和持續性，才可被認定該股的上漲會達到某一級別。

如圖 2-19 所示，A 點股價向上突破短期下跌趨勢線後，以連續漲停板繼續突破中期下跌趨勢線，這就是股價強勢及連續性的表現方式之一。

圖 2-19　突破下行趨勢線

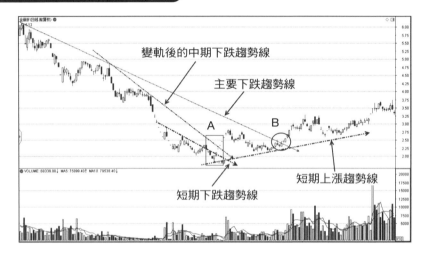

對於長期追蹤觀測該股的投資人來說，在該股股價受到短期下跌趨勢線的壓力期間，就能夠發現異常。例如，此期間的成交量已經開始放大，雖然股價的震盪幅度遠小於之前的下跌過程，但震盪頻率卻在增加。

之後，股價在上漲到一定高度後開始回落，但並未再次創出股價新低，暫時避免了價格波動變速的可能性。經過短期盤整後，股價在 B 點開始繼續上漲，並突破上方的主要下跌趨勢線。隨著成交量的逐漸放出，趨勢突破已經非常明顯。

該案例中，股股價逐步攻克了上方不同級別的趨勢線，投資人可據此瞭解股價未來運行的大方向和大趨勢。

2. 形成上漲趨勢線

　　股價開始上漲，之後出現回落，只要未跌破起漲的低點，就會形成短期上漲趨勢線。只要股價在之後的運行中未破這條線，並在重新回升過程中成交量明顯放大，就說明至少存在短線交易機會。隨著行情的延續，最初的短期上漲趨勢線，有可能會逐步演化成中期或主要上漲趨勢線。

　　如圖 2-19 所示，將 A 點低點和 B 點低點相連，就形成了一條短期上漲趨勢線，這條趨勢線讓投資人至少能觀測股價的短期變動。

　　只要這條短期上漲趨勢線不被股價有效跌破，投資人就可在成交量穩定放大之際，擇機介入；只要這種短期上漲趨勢能夠維持，投資人就可穩定持倉。我們之所以強調成交量穩定放大，是因為在實戰中，無論成交萎靡還是驟增，都不是一個好現象。股價即使短線上漲，也難以具有持續的攻擊力。

3. 形成下跌趨勢線

　　在上漲趨勢運行期間，如果股價在高位震盪下行，並逐步形成一條短期下跌趨勢線，那麼投資人應防範可能發生的趨勢轉折的風險。如圖 2-20 所示，該股經過大幅上漲後，股價於高位震盪下跌，雖然震盪幅度不大， 但是形成了一條短期下跌趨勢線。

　　實戰中，如果發現短期下跌趨勢線形成後，對股價具有明顯的壓制作用，就要注意股價可能面臨至少短期的趨勢轉折。如圖 2-20 所示，短期下跌趨勢線形成後， 股價便難以有效向上突破這條線，最終向下方跌落。

4. 向下突破上漲趨勢線

　　當股價經過大幅或長期上漲之後，向下突破上漲趨勢線時，投資人應注意減倉。如圖 2-21 所示，該股的上漲趨勢線經過變軌，A 點股價一度跌破上漲趨勢線，但很快就予以收復。隨後 B 點再破趨勢線，雖然股價再度收復趨勢線並創下新高，但隨之而來的卻是更加快速的下跌，並又一次跌破趨勢線。對於這種技術形態，投資人應注意減倉，以至少迴避風險。

圖 2-20　形成下跌趨勢線

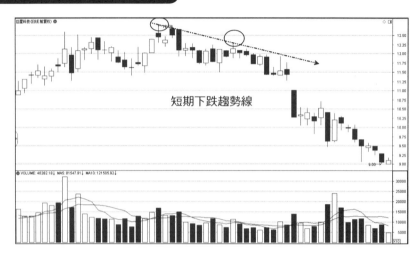

短期下跌趨勢線

圖 2-21　向下突破上漲趨勢線

1 分鐘重點複習

2-1 <u>只有看準大勢，才能賺到大錢！</u>

2-2 <u>趨勢線的作用，是幫助投資人把原來就存在，但不曾留心的</u>
<u>壓力與支撐線畫出來。</u>

2 3 <u>不同級別的趨勢，提供了不同的交易時機。</u>

Chapter 3

我用分時圖，
掌握個股價格的「即時變化」

3-1

分時圖的要素有哪些？

　　分時圖是最直接、最明瞭地展示當日股價即時變化趨勢的技術指標。在行情分析軟體上，分時圖有三種座標設置：一般座標、10% 座標、滿占座標，通常默認的座標為一般座標。

　　分時圖上的橫線代表交易時間，每一條橫線間隔時間為 30 分鐘；分時圖上的直線代表股票價格和相應的漲跌比例。如圖 3-1 所示，分時圖可以分為三個部分：即時走勢圖、成交量柱線圖、技術指標圖。

圖 3-1　上漲趨勢

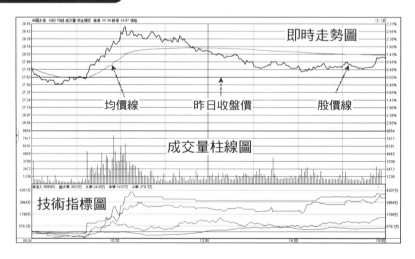

即時走勢圖

即時走勢圖由三條線構成，即昨日收盤線、均價線、分時價位線。其中，分時價位線也稱為分時線、股價線或現價線，如圖 3-1 所示。

1. 股價線

股價線代表個股股價即時變動的趨勢，是由每分鐘最後一筆成交價格相連構成的曲線。

2. 昨日收盤線

以個股昨日收盤價所畫的橫線（即昨日收盤線）為標準，若股價低於這條線，表示股價下跌；若股價高於這條線，表示股價上漲。

3. 均價線

均價線是以股票即時成交的平均價格為基點而畫出的一條曲線。計算公式如下：

每分鐘的成交均價 = 每分鐘的累計成交金額 ÷ 每分鐘的累計成交量

4. 三條線之間的技術應用基礎

即時走勢圖中的這三條線是分時圖的核心。我們在看盤和看分時圖時，不是僅僅看股價的漲跌，還要看其中隱藏的技術含義。理清這三條線之間的關係，是看盤的主要任務和意義。這三條線之間的關係如下：

(1) 當股價持續在收盤線、均價線上方運行時，表示市場預期較好，多方力量不斷增加，當天介入的大部分投資人都有獲利；當股價持續在收盤線、均價線下方運行時，表示市場預期較差，很多投資人正陸續賣出，當天介入的人部分投資人都虧損。

(2) 當均價線從低位跟隨股價持續上揚時，表示市場多方人氣有所回升，投資人開始買入，市場平均持倉成本不斷抬高，這時均價線對股價形成支撐。

股價上揚至收盤線時，如果收盤線沒有形成壓力，說明股價處於強勢狀態，上漲仍將延續。股價突破收盤線後，除非是極端強勢的股票，否則一般都有回測收盤線確認支撐的動作。如果確認不破收盤線而得到支撐，則股價將進一步揚升，這時是投資人介入的良機。

如圖 3-2 所示，A 段股價突破均價線的壓力，開始向上漲升，繼續突破收盤線後，於 B 段出現盤整走勢。

實戰中，有些個股的股價線會回測到收盤線上下測試支撐。如圖 3-2 所示，該股於收盤線上方盤整，股價表現得更為強勢。股價突破後確認支撐的過程，為關注和追蹤該股的投資人提供了一個較佳的介入時機。

圖 3-2 突破關係

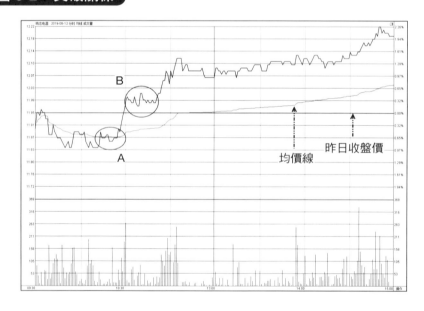

(3)當股價急速上漲，與均價線有較大乖離時，說明市場追漲意願不強，股價可能很快就會回落。

如圖 3-3 所示，該股午後開盤不久，股價突然急速上漲，但均價線運行遲緩，二者之間短時間內具有較大乖離，隨後股價回落。對於這種瞬間急速

上漲的個股，投資人最好不要因衝動而盲目追高，否則很有可能被套在當日價格高點上。

一般來說，如果股價上漲，而均價線緊密跟隨，則股價後市保持強勢狀態的可能性較大。當然，也有個股急速上漲直接封住漲停板的案例，但並不是所有的個股都具有這樣的強勢。

圖 3-3　乖離關係

（4）當股價持續下挫，均價線緊密跟隨時，表示市場賣出意願較為強烈，股價仍將有較大的下跌空間。如圖 3-4 所示，該股開盤後，股價便一路下行，均價線也隨之同步下行。

這種技術形態下，股價即使出現反彈，多數也會在均價線上下再度折返。在二者同步的情形下，只有當股價加速下跌，拉大與均價線之間的乖離，股價才有可能出現較大力道的反彈。

（5）收盤線也是多空力量爭奪的焦點位置，如果開盤後 30 分鐘內，股價依托均價線在收盤線上方保持穩步上揚，那麼該股當天收漲的機率較大；如

圖 3-4　壓制關係

果開盤後 30 分鐘內，股價在均價線的壓力下，於收盤線下方持續下跌，那麼該股當天收跌的機率較大。

　　(6) 如果股價線穩定在均價線、收盤線之上橫盤或上漲，盤中或尾盤發力上漲的可能性大；如果收盤線、均價線、股價線依次排列，股價受到雙重壓力，股價線觸及上方的均價線即發生回落，則盤中或尾盤跳水下跌的可能性大。

　　如圖 3-5 所示，該股開盤開高，股價線處於昨日收盤線上方，之後在大部分時間裡，與均價線相互纏繞處於橫盤震盪狀態中。這個橫向震盪的過程，也是股價不斷測試下方支撐強度的過程。當接近中午收盤時，股價急速拉升並封住漲停板。

圖 3-5　支撐關係

成交量柱線圖

　　如前文的圖 3-1 所示，成交量柱線圖在即時走勢圖的下方，顯示當日不同時間段盤中，即時成交的情況。

技術指標圖

　　在前文的圖 3-1 中，最下方是技術指標圖。有些行情分析軟體並沒有技術指標圖，有些軟體提供多種指標選擇，比如量比、資金博弈、資金驅動力等。

　　對於技術指標圖，中長線投資人可以選擇將其隱藏，因為過度關注即時指標變化，可能會使投資心態變得不穩定。但是，對於短線投資人來說，即時性的技術指標有一定的參考和輔助作用。

3-2
短線交易的關鍵——
支撐與壓力

　　支撐與壓力是分析股價漲跌最基本、最核心的技術內容。對於短線交易的投資人來說，如果看不懂股價的支撐與壓力，妄談股價將要漲或將要跌，無根據、主觀地進行操作，那麼結果只能是聽天由命。

　　投資人做短線交易，至少應該看懂股價即時走勢中，所反映出來的支撐與壓力的關係。如果看不懂這一點就貿然進行交易，則如同賭博。

　　分時圖上的支撐與壓力，主要表現在股價線、均價線和昨日收盤線之間。分時支撐是指對股價下跌有止跌的作用，對股價上漲有助漲的作用。分時壓力是指對股價上漲能有壓力的作用，對股價下跌能有助跌的作用。

　　分時圖上的支撐與壓力，主要是指股價線和昨日收盤線、均價線之間的關係。分析這三條線之間的技術關係，有利於短線投資人尋找到最佳的交易時機。

昨日收盤線支撐

　　昨日收盤線的支撐強度決定當日股價的漲跌。對於當日已經出現大幅度上漲的個股來說，昨日收盤線的支撐已經毋庸置疑。需要昨日收盤線支撐的，必然是股價線就在昨日收盤線上下震盪的個股。這些個股通常會出現兩種不同的震盪方式，其技術含義和受到的支撐，也有頗多不同之處。

1. 在昨日收盤線上下震盪

　　如果個股股價一會兒上漲，一會兒下跌，那麼分時圖上的現價線必然在收盤線上下波動震盪。這種形態並不一定意味著股價失去了支撐，從技術上來說，這更像是對支撐有效性的測試過程，如圖 3-6 中 A 段所示。

　　但這個過程會使投資人有些猶豫，一些持倉者也許會選擇賣出，而持幣者會繼續觀測，延後進場買入的時間，甚至取消買入的計畫。這種震盪形態既完成了對收盤線支撐的測試，又利用微幅震盪進行了一定程度的洗盤。

　　但在實戰中，投資人要注意股價一旦結束震盪，選擇向下偏離收盤線，可能引發一波急速下跌。從技術上來說，當測試昨日收盤價的支撐無效時，則股價轉入下跌。

圖 3-6　在昨日收盤線上下震盪

2. 在昨日收盤線之上震盪

　　股價一直處在收盤線上方，當股價回落觸及收盤線時便會上漲。這種形式的支撐從分時走勢的角度來講，其強度比前一種要高。

　　很多個股在啟動上漲之前的強勢測試階段，多會採取這種形式。還有些個股股價的回落並不觸及收盤線，而是保持較為微小的空間，之後股價突然

爆發性地上漲，如圖 3-7 中 A 段所示。股價的漲與跌是投資人最為關心的焦點，主力資金往往會巧妙地借用昨日收盤線進行誘空或誘多，多數情況下都能取得理想的效果。

圖 3-7 在昨日收盤線之上震盪

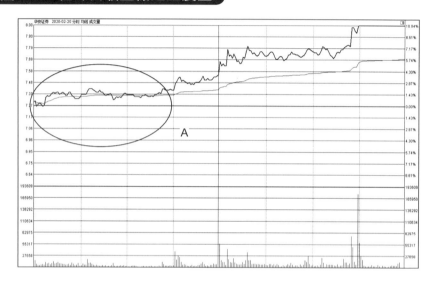

昨日收盤線壓力

股價受到收盤線的壓力，說明股價至少在微跌。如果經過確認壓力存在，那麼通常會對股價有不同程度的助跌作用。分析昨日收盤線壓力，有利於投資人即時判斷股價的強弱度。

如圖 3-8 所示，在 A 段股價開高走低，跌破昨日收盤線，之後在 B 段股價回升，測試昨日收盤線的壓力強度，在 C 段股價反彈昨日收盤線，已經無力穿越這條線。

在這個過程中，雖然股價回升，但是能夠達到的高點逐步降低，顯示壓力存在而且不斷增強，同時成交量整體處於持續縮小的態勢。這個量能細節也顯示，此時突破收盤線壓力的機率較小，之後股價無意外地轉入下跌。

　　在該案例中，昨日收盤線的壓力難以被突破，股價轉為連續下跌，下跌過程中逐漸有量能放出。大多數的下跌放量都是恐慌盤賣出所致，或者主力對倒製造恐慌的行為，之後有很大機率會出現反彈，反彈的幅度需要投資人綜合分析，而不是經由分時走勢就能判斷的。

　　圖 3-8 中的 D 段股價放量直線反彈，並一度觸及昨日收盤線。股價由弱轉強幾乎就在一瞬間，說明該股必有實力資金操盤。但是，之後該股並未進入強勢上漲階段，而是再一次陷入縮量連續下跌。

　　實戰中，當個股股價展露出強勢，卻不能持續時，我們就應該為股價繼續下跌提前做好準備。如圖 3-8 中的 E 段所示，股價線再一次直線回升，這次的回升已經和昨日收盤線的壓力無關，因為均價線的壓力就已經足以讓股價繼續回歸卜跌趨勢。

圖 3-8　昨日收盤線壓力

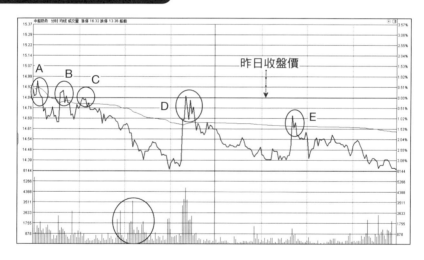

均價線支撐

　　均價線與股價線的關係，遠比昨日收盤線的表現形式多，變化也更為複雜。昨日收盤線只是固定價位上的一條直線，而均價線會隨著股價即時變化

而變化，所以均價線的支撐與壓力，是分時走勢中最能顯示股價變化趨勢的指標。

如圖 3-9 所示，該股開盤開低走低。在 A 段，股價上漲突破均價線壓力；在 B 段，股價回彈均價線確認得到支撐後，放量上漲並突破昨日收盤線。在這個案例中，B 段之後均價線的支撐達到了助漲作用，股價繼續突破昨日收盤線之後，助漲力道得到強化。

均價線的支撐力道是隨著股價的變化而變化的。一個具有強勢支撐的均價線可能在之後的運行中，變成弱勢支撐或者需要測試和驗證的支撐。C 段就是這樣一個測試，股價在 C 段的強勢震盪中回測，並未觸及均價線便轉升，顯示出跟隨上行的均價線仍然具有強勁的支撐力道，這就為股價進一步上漲提供了動力。

C 段之後，股價直線上衝，拉大了與均價線之間的距離，均價線維持緩慢上行的態勢。過大的乖離之下，股價回落是正常現象，此時股價線與均價線之間，再度形成需要測試支撐的形態。

之後，D 段股價在均價線之上又一次得到支撐，均價線也依然發揮助漲

圖 3-9　均價線支撐

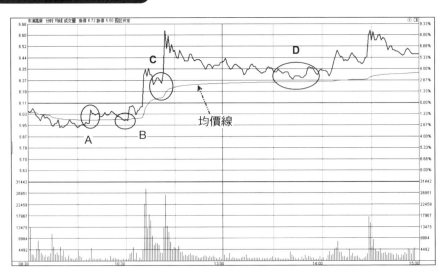

作用，說明均價線的支撐強度並未消失，這也就佐證了上漲並非是誘多行為。

在實戰中，均價線跟隨股價線保持上行，是一種強勢支撐的表現。而當均價線橫向運行或緩慢下行時，雖然股價並未跌破均價線，但這種形態下的支撐，往往禁不住測試和考驗，是一種弱勢支撐形態。這種形態如果出現在收盤線下方，則股價的弱勢形態更為明確。

對於弱勢支撐形態的個股，投資人不可輕易參與抄底做短線。有時候，這種弱勢支撐就是主力資金營造出來的，為了讓投資人看到希望並採取行動，等到投資人買入後，支撐將不復存在。

投資人在研判均價線或收盤線的支撐強度時，股價運行中的量能也是需要重點考量的部分。

如果量能一直處於萎縮的態勢，表示各方資金按兵不動，或處於緩慢流出的狀態中；如果量能溫和放大，表示有資金開始穩步進場。當收盤線從壓力轉化為支撐，而當均價線從之前的弱勢支撐轉為強勢助漲時，才是股價啟動上漲的訊號。

量能萎縮固然不好，但突然放巨量拉升的形態，同樣不值得投資人追漲，這種量價配合形式多數都難以具有持續性。

均價線壓力

均價線會對股價線形成支撐，當然也會形成壓力。這種壓力有兩種存在形式，一為在昨日收盤線之上形成的壓力，二為在昨日收盤線之下形成的壓力。

一般來說，在昨日收盤線之下出現的均價線對股價線的壓力，對股價的助跌作用相對較強。因為在這種形態下，股價上方存在著均價線和昨日收盤線的雙重壓力。

如圖 3-10 所示，當日該股開盤低開，股價線一直在均價線的壓力下運行。在 A 段，股價線一度向上越過均價線，但無力繼續維持上漲態勢，顯示出昨日收盤線上方具有較大壓力。股價線很快重新下行，依然受制於均價

線，股價繼續下跌。這是一種測試均價線壓力的股價弱勢形態。

　　這種弱勢形態的存在，意味著盤中做多力量試圖向上發起攻擊，卻很難聚集起足夠的動能，上漲攻擊力道在均價線上下就已經被瓦解。

　　當盤中做多的力量被消耗殆盡時，股價便會向下方跌落，失望的情緒會迅速蔓延，使得原本心存僥倖或相對樂觀的持倉者，轉變看空的立場，進而加入賣出的陣營，股價的快速下跌也就隨之而來，如圖 3-10 中 A 段之後的狀況所示。

圖 3-10　昨日收盤線下的壓力

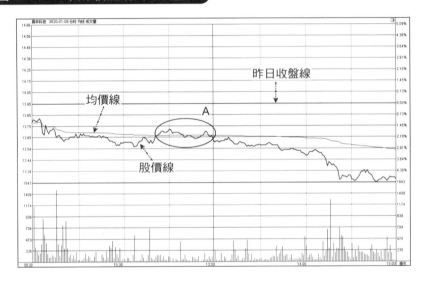

　　如果均價線對股價線形成的壓力，是在昨日收盤線之上，那麼因下方還有昨日收盤線的支撐，所以對股價的助跌作用相對較弱。

　　但有些個股在主力資金的影響下，會出現一些超乎市場意料的走勢。如圖 3-11 所示，在 A 段開盤後，股價瞬間上衝，隨即又轉頭向下跌破均價線，直至接近昨日收盤線，股價才暫時止住跌勢。在 B 段，股價在昨日收盤線上盤整，從技術角度來說，股價線試圖在這裡找到止跌回升的支撐。

　　但很明顯地，此時稀疏的成交量難以和 A 段相比，也就說明沒有密集的資金在此處入場，股價只能繼續呈跌勢。

　　這種連續跌破兩層支撐的走勢，具有較大的突然性，不可能完全是市場自發行為所致，如果沒有突發利空消息，那麼必然是主力階段性減倉行為所致。

　　當然，主力的階段性減倉並不等同於清倉出貨，有時為了洗盤或者降低自身的持倉成本，主力資金也會反覆採取階段性減倉再加倉的策略。

圖 3-11　昨日收盤線上的壓力

3-3

角度 & 漲跌走勢的判斷

角度與漲勢預判

大多數投資人最關注的是股價的漲跌，而容易忽視股價線和均價線在即時運行中的角度。這個看上去似乎無關緊要的角度，往往能夠暴露出股價運行的真相和秘密。不同的運行角度反映的是主力資金的意志，分析不同的運行角度，其實就是在分析主力資金的思路。

過於陡直的股價運行角度，無論是上漲還是下跌，大多難以持久；而過於平緩的上漲或下跌，則意味著走勢隨時可能出現反覆。股價在上升或下跌中出現的角度，既代表主力資金有預謀、有計劃的操縱行為，也代表市場資金的隨機行為。分析這些行為，有利於投資人讀懂股價真實的運行軌跡。

在分時走勢上，股價線（和均價線）既有可能以一種角度運行，又有可能以多種角度運行。比如，以 30 度平緩的角度運行、以 45 度中等角度運行、以 60 度大角度運行，也可能幾種角度在盤中都有表現。

如圖 3-12 所示，在整個交易時間內，該股無論是上漲還是下跌，都保持著極為平緩的角度。而在圖 3-13 中，該股在全天交易時間內，以多種角度在不同的時間段出現。

實戰中，價格曲線運行的角度變化實在太多，為了便於分析，我們將分時走勢中的角度大致分為三種：30 度角、45 度角、60 度角。

圖 3-12　以平緩的角度運行

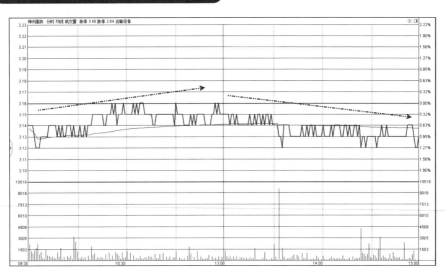

圖 3-13　以多角度運行

1. 30 度角上漲

30 度角上漲是指，股價線以 30 度左右較小角度展開的上漲。由於上漲角度過於平緩，股價漲升強度往往不足，走勢具有很大的不確定性。實戰中，30 度角上漲多出現在大型股、冷門股或者一些築底期間的個股，以及部分處於起漲之前整理期間的個股上。

30 度角上漲顯示多空雙方處於膠著狀態，股價雖然上升，但多方並不具備明顯的優勢地位，多是市場資金行為，或是主力資金未參與的一種行情運行模式。這種角度的上漲一般不會持續太久，多數個股不是在之後的走勢中轉入下跌，就是在波動中改變原有的運行角度，如圖 3-12 中所示。

從技術角度來說，30 度角上漲是一種等待形態，多出現在個股的震盪盤整期間， 是為之後股價的上升或下跌積蓄動力。主力資金會利用這種磨人的角度，故意使投資人產生疑慮，不敢在第一時間進場。當主力資金放棄掩飾、主動參與操作時，股價便會一改前貌。

2. 45 度角上漲

45 度角上漲，是指股價線以 45 度左右相對適中的角度展開的上漲。這種不急不緩的上漲，股價表現最為穩定，如果同時有成交量的配合，更能顯示多方掌控局勢的穩健。技術意義上顯示多方具有主導性，但空方的反擊並未停止。多空雙方的博弈，使行情運行於一個交易持倉成本不斷墊高、具有較強支撐力道的狀態，因此股價的運行才相對穩定、明確。

無論股價上漲還是下跌，股價線保持 45 度角都是一種理想的攻擊形態，其持續性及股價強度都較高。過大角度的上漲或下跌，強度雖高卻很難持久；而過小角度的上漲或下跌，股價運行綿軟無力，存在著過多的折返。

如圖 3-14 所示，該股開盤略做震盪後，股價線便以 45 度角上漲，其間股價震盪幅度較小，基本上保持著平穩上行的態勢，直至封住漲停板。這種有條不紊的走勢顯示出多方掌控局面，且有能力承接所有賣盤的氣勢。

在有些個股的分時走勢上，45 度角上漲保持一段時間後，會出現橫向震盪或小幅度回落，這是多方一種休整或故意示弱的形態，以觀察空方的反擊強度。

圖 3-14　保持 45 度角上漲

實戰中，以 45 度角啟動攻勢的個股在整理後再次上升時，如果角度變小、量能縮減，則要留心因漲升強度減弱而導致的股價回落。最佳的形態是橫向震盪過後，股價線加大上漲角度或不小於之前的 45 度角繼續呈現升勢，量能上不能大幅縮減，才能說明股價的強勢狀態並無改變。

如圖 3-15 所示，A 段股價線以 45 度角上漲，之後股價進入整理過程中。當股價在 B 段結束整理、再次起漲時，上漲角度超過 45 度角，顯示該股漲升的強度有增無減，後市繼續看好漲勢。

在一段升勢後的震盪盤整過程中，被削弱的可能是空方，也有可能是多方。如果之前佔據主導地位的多方被削弱後，漲升強度必然受到影響，再啟升勢時，則很難維持或提高原有的升勢強度。

如圖 3-16 所示，A 段股價線以 45 度角上漲後，出現回落盤整的整理狀態，股價線在昨日收盤線和均價線上下盤整震盪。

在個股強勢上漲過程中，出現 A 段之後的這種回落盤整，並不是一個良好的整理形態：第一，股價線雖然最終得到支撐，但在盤整過程中還是跌破均價線和昨日收盤線，顯示出股價盤中賣壓較重；第二，A 段的回落幅度

圖 3-15 角度的改變

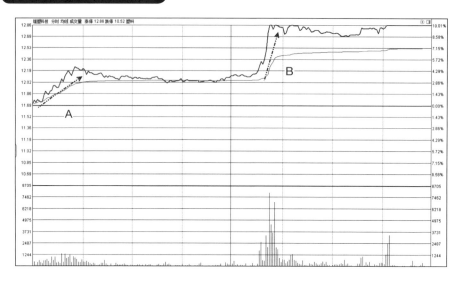

圖 3-16 失敗形態

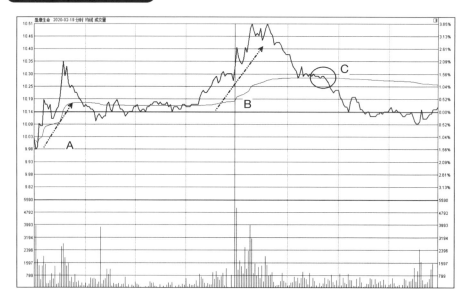

稍顯過大。這兩點對於一個強勢個股來說，是比較明顯的瑕疵。

　　該股盤整震盪過後，於 B 點再次起漲的角度並未減小，可以支撐一波漲升。但隨後又出現一個幅度不小的回落，C 點股價在均價線上短暫盤整，隨後跌破均價線。

　　對於漲升過程中，股價回落跌破均價線或昨日收盤線支撐的現象，投資人應該高度重視，尤其是具有一定強度的漲升。倘若股價在 30 度角漲升過程中跌破支撐，反而不值得大驚小怪，因為小角度漲升中股價強度有限，發生折返很正常。反觀圖 3-16 中的個股，在 45 度角漲升中，再次發生較大幅度的回落，再次跌破均價線。這個現象足以讓投資人認真思考：是不是存在主力資金階段性減倉的行為。

3. 60 度角上漲

　　過小的角度上漲，表示股價運行強度極弱；而過大角度上漲，則表示股價運行強度極強。這兩種狀態下，股價都容易出現突發性轉折或改變。

　　60 度角上漲，是指股價線以 60 度左右較大角度展開的上漲。這種迅猛的上漲形式，多數都是由主力資金的行為所產生，或在其誘導下發生的市場資金的蜂擁效應，再或者是各路熱錢「擊鼓傳花」式的炒作行為的結果，多發生在上市新股或概念炒作上。

　　如圖 3-17 所示，該股開盤後即以 60 度角上漲，中間幾乎沒有明顯的震盪盤整過程，之後股價封住漲停板。真正的強力拉升就是這樣，整個過程絕不會拖泥帶水，不會存在過多、過長的盤整，不會給投資人太多從容思考和再次買入的機會。

　　還有一種更為迅猛的大角度拉升，如圖 3-17 中 B 圖所示，該圖是另一檔股票的分時圖。開盤後，股價線幾乎以 90 度角上漲，短時間內直接封住漲停板。這種走勢只給市場資金留想像空間，不給買入機會。

　　從技術角度來說，股價線以 60 度角（或更大角度）上漲的時間段內，至少說明盤中空方失去了能夠抗衡和反擊的力量，否則，行情就不會處於多方全面掌控、單邊運行的節奏中。但是，缺少空方的強力反擊，對於股價的長久運行未必是好事。

圖 3-17 大角度漲停

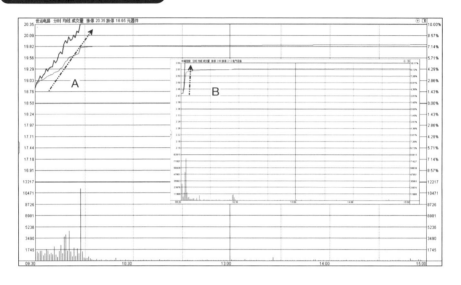

實戰中，股價線以 60 度角上漲，如果不能封住停板或不能持續得到資金支持，那麼接下來的回落走勢也會同樣迅猛。

如圖 3-18 所示，開盤後該股股價線一路下行，至 A 點時，股價線以近乎直角的陡峭角度迅猛拉升，瞬間突破均價線、昨日收盤線並抵達漲停板價位。B 點隨著成交量的快速萎縮，股價線快速回落向下尋求支撐，這種態勢所顯示的是後續資金的難以為繼。

案例中的這種急速上漲，是資金驅動下的脈衝式漲升。至於拉升的原因，則因股而異，不外乎以下幾種：主力資金的誘多行為、試盤、利多傳聞刺激等。

當 60 度角急速上漲結束，股價回落後、止跌回升時，股價線能夠回到 45 度角以上，表示股價漲升強度仍在，後市依然可以期待；如果股價線難以恢復 45 度角運行，即使股價有所上升，其強度和持續性都很難長久保持。如圖 3-18 所示，股價在 C 點跌破均價線支撐，幾分鐘內，股價運行從極強變為極弱，從技術角度只能解釋為，這是一個主力誘多的騙局。

可能不少短線投資人都有過這樣的經歷：看到個股大角度上漲，馬上加

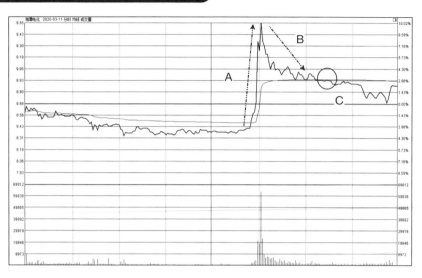

圖 3-18　大度角上漲後的回落

價追高，但報價跟不上股價的漲速，急切之下高報數個價位，成交之後卻發現股價就在買入價上下徘徊或隨後開始回落。

　　不少人會責怪自己手腳慢，認為追漲太遲。其實這根本不是時間的問題，而是主力資金利用大單對倒拉升時，不會給投資人在低點追入的機會。如果你很輕易就追到了，不是你的運氣太好，就是這個拉升為主力誘多。明白了這一點，我們就要對大角度急速上漲，存有警惕之心。

角度與跌勢預判

1. 30 度角下跌

　　30 度角下跌，是指股價線以 30 度左右較小角度展開的下跌。下跌並不可怕，可怕的是股價走勢飄忽、欲跌還漲的局面，投資人時刻面臨兩難選擇。而 30 度角下跌，就是這樣一種讓人難以決斷的下跌走勢。

　　30 度角下跌是無主力資金，或主力處於蟄伏期的冷門股常規的波動形態，一些大盤個股也經常處於該波動形態。如果某股之前走勢比較活躍，忽

然出現這種形態，那麼至少有兩種可能：一種是升勢途中溫和的回落整理，另一種是加速下跌前的「平靜期」。

如圖 3-19 所示，在該股全天走勢中，股價線維持一個極其平緩的角度，在收盤線下方和均價線相互盤繞。該股剛剛經過長期大幅大跌的過程，結合分時走勢的情況，我們可以認定，該股至少在短期內是未被主力資金重點關注的冷門股。

圖 3-19　30 度角下跌

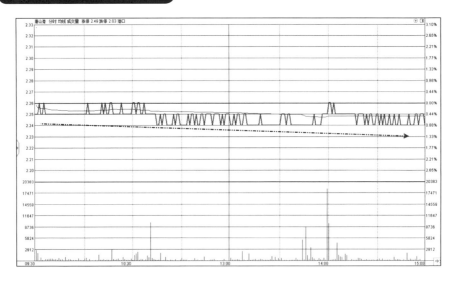

30 度角下跌看起來似乎很溫和、下跌強度不高，但正是這種表面現象，反而使人容易放鬆警惕，因為有些個股會突然改變角度，出現急速上漲或下跌的情況。如圖 3-20 所示，該股開盤後 30 度角回落，A 點股價直角拉升，但是強勢存在時間極為短暫，A 點過後，股價仍舊以 30 度角回落。

發生這種突發行為的原因有很多，可能是主力資金進駐之前進行了試盤，也有可能是主力資金使用了誘多手段等等。無論是何原因，在沒有詳盡地分析和實盤追蹤之前，對於個股盤中的突發行為，投資人最好只追蹤觀察、不交易。

輕易追漲冷門個股，很可能會陷入「追漲幾秒鐘，套牢幾個月」的窘境中。如圖 3-21 所示，A 點就是圖 3-20 中分時走勢當天形成的 K 線。

圖 3-20　突然改變角度

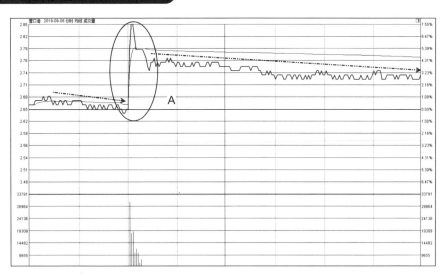

圖 3-21　長上影 K 線

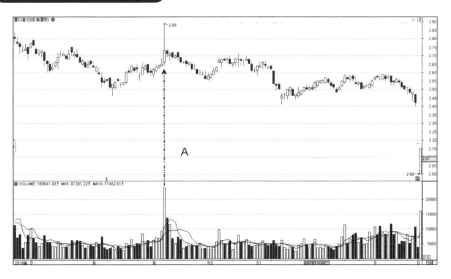

圖 3-21 中 A 點 K 線那根長長的上影線，就是圖 3-20 中那個幾秒鐘衝擊出來的股價高點。自 A 點之後，該股股價陷入漫漫下跌路，不知何年何月才有機會，收復那個遙不可及的、只存在幾秒鐘的股價高點。

2. 45 度角下跌

45 度角下跌，是指股價線以 45 度左右適中角度展開的下跌。這個角度的下跌是一種極具殺傷力，且持續性較強的下跌角度。

45 度角不急不緩，讓多方不至於完全失去信心和希望，所以會不斷發起反擊，而空方也正是利用多方的不斷反擊來逐步消耗、瓦解做多的動能。

在反擊與消耗中形成的 45 度角下跌，經過多空雙方在博弈中不斷驗證、加強循環，能夠穩定並持續運行。只有當下跌節奏出現變化（加快或變緩）時，這種強度較高又極為穩定的下跌過程才會結束。

如圖 3-22 所示，該股開盤股價逐漸盤落至 A 點，以 45 度角開始下跌，直至收盤。在 A 點下跌的過程中，我們可以看到成交量相比，早盤顯示出

圖 3-22　45 度角下跌

不斷增加的態勢，說明持倉者越來越認可下跌的持續性，並加入減倉的行列中。這些都為 45 度角下跌的持續性和強度，提供了源源不斷的動能。

當下跌的程度達到市場普遍共識時，下跌的角度會進一步加大，速度會進一步加快，而距離股價走勢反轉也就更近一步。

3. 60 度角下跌

60 度角下跌，是指股價線以 60 度左右較大角度展開的下跌。60 度角下跌的持續時間較為短暫，但下跌幅度、速度和強度卻非常驚人。如圖 3-23 所示，在 A 點，股價線以 60 度角急速下跌。整個急速下跌的過程非常短暫，但跌幅卻非常驚人，從漲幅 4% 以上一直跌至跌停板。

股價處於高位或下跌初期的個股，當盤中出現 60 度角急速下跌時，即使分時走勢有強反彈出現，也不是適宜的介入點，更多時候反而是借機減倉的良機。

而股價經過長時間或大幅下跌之後，如果盤中出現 60 度角急速下跌，可能就是極為理想的短線買點。主力資金往往會利用 60 度角急速下跌造成

圖 3-23　60 度角下跌

的恐慌，逼迫投資人低價賣出籌碼，為之後的強反彈或反轉做準備。

如圖 3-24 所示，該股當天開盤後不久，股價風雲突變，A 點突然出現近乎直角的急速跳水走勢。從 A 點成交量由小到大的聚集方式（恐慌性殺跌的重要標誌）可以看出，這個突發的急速下跌，讓市場上的恐慌情緒迅速蔓延，賣盤迅速增加。當投資人尚處於驚魂未定時，該股股價瞬間以同樣陡直的角度急速回升。

股價回升時的成交量反而呈現萎縮狀，這就說明剛把籌碼賣在低點，仍處於驚恐之中的投資人，沒有幾個敢把股票再買回來，只能眼睜睜地看著股價大幅回升到 5% 之上。

事實證明，A 點的股價低點就是該股強反彈之前的最低點。如圖 3-25 中 A 點所示，長下影 K 線就是圖 3-24 中分時走勢當天形成的 K 線。

個股長期下跌或急跌過後，當某日盤中突然再出現 60 度左右大角度急速下跌時，往往就會形成一個重要的階段性低點。投資人應保持冷靜思考的態度，不要被突如其來的恐懼打亂了思緒，更不要被恐懼支配而進行交易。

圖 3-24　恐慌性殺跌

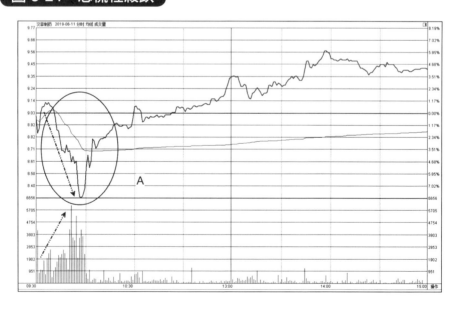

圖 3-25　長下影線 K 線

3-4

5 大分時形態實戰分析

分時圖在實戰中有一些典型形態，分析這些形態有利於投資人借鑒其中的分析思路，能夠儘快將學到的理論知識融入實戰應用中。

震盪盤升

該形態是指個股依附均價線的支撐，一路震盪上漲。如果個股不是處於股價的高位區，同時成交量溫和放出，那麼投資人可在股價回檔到均價線附近時擇機買入。

如圖 3-26 所示，該股於 A 點突破均價線、昨日收盤線壓力，並由此得到支撐開始上漲。雖然 30 度角上漲略顯強勢不足，但考慮到該股不是小型股，而且剛剛脫離下跌低點，這種走勢較為穩健，也是一個測試盤面壓力的過程。

橫盤突破

橫盤突破是指個股開盤後，依附均價線或收盤線橫盤運行，即使當日大盤出現跳水等不利現象，該股也不跟隨大盤的波動而改變方向。如果盤中出現較為密集的買單，那麼這類股票一般會迅速上漲。

如圖 3-27 所示，該股開盤上漲一定幅度後便在均價線附近震盪。這是測試支撐的一種方式，也是很多強勢個股上漲之前，最後的洗盤和積蓄能量

圖 3-26　震盪盤升

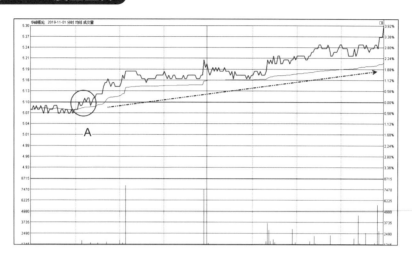

圖 3-27　橫盤突破

階段。股價能夠在此得到有效支撐，表示浮籌的壓力不足以影響拉升。當股價線逐漸展開角度拉升，個股就會突然進入強勢運行階段。

急升後橫盤

急升後橫盤是指個股開盤急升之後，轉入橫盤震盪直至橫盤報收，或盤中再一次拉高。如圖 3-28 所示，該股開盤後迅速拉升，當天主要升幅就出現在這個時間段，而在餘下的大部分交易時間裡，都維持橫向震盪的走勢。

橫盤階段的成交量一般會呈現逐漸萎縮的狀態，直至再次出現拉高，才再度放量。投資人需注意拉高的幅度和放大的成交量是否匹配，大成交量、小漲幅往往是主力減倉的表現。

個股出現這種分時走勢的緣由，大致有兩種情形。

第一，個股所處底部低點，經由震盪進行試盤或洗盤吸籌，之後個股的

圖 3-28　急升後橫盤

走勢仍會不溫不火，股價折返仍較為頻繁。

第二，主力資金利用早盤的急速拉升吸引市場資金，並借機減倉；在之後的橫盤過程中，再以掛小單或小單下打的形式，賣給看好該股的投資人。

單邊下跌

單邊下跌是指個股開盤後一路下跌。均價線在大幅下跌後出現支撐跡象，但隨著股價的再度下跌，均價線再次形成壓力。分時圖上成交量整體呈萎縮狀，每一次下跌時的成交量，都比每一次反彈時的成交量大，投資人以觀望為宜。

如圖 3-29 所示，該股開盤後便開始下跌，但在上午交易時間段內，大部分時間處於橫向震盪。在昨日收盤線和均價線的雙重壓力下，縮量的橫盤震盪是一種等待形態，等待契機出現改變目前這種態勢。

圖 3-29　下跌

午後開盤，股價便陷入綿綿不絕的單邊下跌之中。在這個過程中，股價幾乎難以形成有規模、有力道的反彈。對於這種走勢，投資人最好不要輕易入場搶反彈，等待下跌勢頭宣洩一段時間後，再具體分析和決定為好。

從成交量柱線圖可以看出，午後的下跌成交量逐漸增大，顯示加入殺跌隊伍的人正在增加，最終股價跌停板。

對於單邊下跌走勢的個股，如果之前剛經過長期或大幅下跌，則投資人可在股價線和均價線相互纏繞、走平，成交量縮無可縮時，主動買進等待股價即將到來的上漲。

低點逐步回升

個股開盤後，股價低點逐步上移，每一小波段上漲的角度並不一致，但整體上漲角度大致在 30 度左右。低點逐步回升的個股，大多是資金緩慢吸籌或試探性建倉所致，投資人可密切追蹤觀測。

圖 3-30　低點逐步回升

　　低點逐步回升的個股，其股價能否成功反彈，投資人應主要觀察股價回升時均價線和收盤線支持的情況；同時，成交量也應保持同步活躍，但突然激增或過度冷清的成交量，都可能會使股價的回升半途而廢。

　　如圖 3-30 所示，該股開盤後近 1 個小時的時間內，都在昨日收盤線和均價線上下震盪，但之後股價逐步抬升，每一次震盪的低點也逐步抬高，整體保持向上的態勢。成交量在這一過程中，保持著相對活躍的態勢。

　　低點逐步回升的個股，其上漲強度大多不高，原因在於資金建倉期間不願引人關注，帶有一定的隱秘性。如果是試探性建倉的資金，其在吸籌期間發現上方壓力較強，可能就會暫停吸納，轉而故意向下砸盤、製造恐慌，用來測試壓力盤的性質並觀測賣單的大小和密集程度，以確定持倉該股的資金是以散戶為主，還是另有實力資金隱藏其中。

　　如圖 3-31 所示，A 點出現當日下探的低點，之後股價回升至 B 點嘗試性突破昨日收盤線，但無功而返。隨後股價到達 C 點時，震盪到均價線之上，雖然比 A 點的低點高，但此時股價線不僅處於昨日收盤線的壓力之下，而且均價線的支撐也已經岌岌可危。

圖 3-31　失敗形態

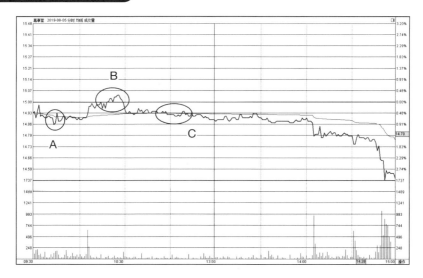

　　之後，股價線跌到均價線、收盤線下方，已經脫離了構築低點逐步回升形態的可能性。接近尾盤時，股價更是出現一波 60 度角的跳水，此時成交量大幅增加，顯示出恐慌盤奪路而逃的激烈程度。

1 分鐘重點複習

3-1 有時基礎知識的重要性，遠高於應用技巧。

3-2 股票應用技巧不存在定式，只有學會推陳出新，才能真正學會做股票。

3-3 分時走勢中一個極小的細節，可能就蘊含著股價重大轉折的訊號。及時發現股價轉強或轉弱的訊號，有助於在交易中正確選擇買賣點。

3-4 講形態，其實是在講原理。投資人不需要記住這些形態，只需要清楚如何分析這些形態。

Chapter 4

我用MACD，
破解行情上漲的「有效訊號」

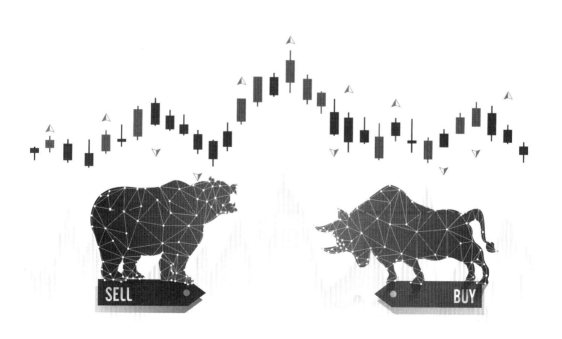

4-1

MACD 的原理是什麼？
要怎麼計算？

MACD 的設計原理與計算公式

平滑異同移動平均線簡稱 MACD 指標，是由美國投資家傑拉德 · 阿佩爾（Gerald Appel）於 20 世紀 70 年代末提出的。

MACD 指標的設計基於均線原理，是對收盤價進行平滑處理（求出加權平均值）後的一種趨向類指標。MACD 指標利用短期（常用為 12 日）移動平均線與長期（常用為 26 日）移動平均線之間的聚合與分離狀況，對買進、賣出時機做出研判。

該指標由兩部分組成，即正負差（DIF）、異同平均數（DEA），其中，DIF 是核心，DEA 是輔助。DIF 是快速平滑移動平均線（EMA1）和慢速平滑移動平均線（EMA2）的差。

MACD 的優點是摒棄了 MA 頻繁發出買入賣出訊號的缺陷，增加發出訊號的要求和限制，在實戰中使用起來比 MA 更穩定。但 MACD 的缺點和MA 相同，在市場處於橫盤或區間整理時，會因指標鈍化而容易出現偽訊號，發出錯誤指示。

MACD 常用參數的一般設置如下：快速平滑移動平均線參數（DIF）是12，慢速平滑移動平均線參數（DEA）是 26。此外，MACD 還有一個輔助指標——柱狀線（BAR），如圖 4-1 所示。在大多數分析軟體中，柱狀線是有顏色的，0 軸以下是綠色，0 軸以上是紅色，前者代表趨勢較弱，後者代表趨勢較強。

圖 4-1　MACD 指標

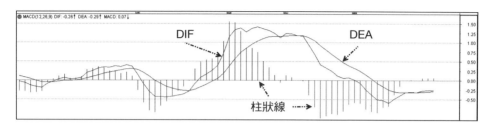

　　MACD 在應用上，先計算出快速移動平均線（12 日的 EMA1）和慢速移動平均線（26 日的 EMA2），以這兩個數值之間的差值得出 DIF，然後再得出 DIF 的 9 日平滑移動平均線 DEA，最後由公式 MACD＝2×（DIF－DEA）計算出 MACD 的值。MACD 指標的計算公式如下。

(1) 計算 12 日和 26 日移動平均線 EMA1 和 EMA2

　　EMA（12）＝前一日 EMA（12）×11/13＋當日收盤價 ×2/13

　　EMA（26）＝前一日 EMA（26）×25/27＋當日收盤價 ×2/27

(2) 計算離差值（DIF）

　　DIF＝當日 EMA（12）－當日 EMA（26）

(3) 計算 9 日離差平均值 DEA

　　當日 DEA＝前一日 DEA×8/10＋當日 DIF×2/10

(4) 計算 MACD

　　MACD＝2×（DIF－DEA）

(5) 計算柱狀線 BAR

　　BAR＝2×（DIF－DEA）

MACD 的基本實戰形態

1. 基本形態的技術含義

　　如圖 4-2 所示，基本形態的技術含義如下。

　　1. MACD 指標的 DIF 由下向上交叉 DEA，一般稱為黃金交叉，A 點為 MACD 的黃金交叉。

　　2. DIF 由上向下交叉 DEA，稱為死亡交叉，D 點為 MACD 的死亡交叉。

　　3. B 為 MACD 上穿 0 軸線，F 為跌破 0 軸線。

　　4. C 為 MACD 的黏合狀，E 為柱狀線。

圖 4-2　MACD 的基本形態

2. 背離關係

　　MACD 在運行過程中，和股價運行節奏並不完全同步，二者之間有些時候會出現背離關係。正是這種背離關係，會給投資人提前發出重要的轉向提示訊號。

　　如圖 4-3 所示，A 點股價與 MACD 同步創出新低，B 點股價繼續創出新低，但 MACD 並未同步下行，而是在低點呈黏合狀。這種技術形態就是背離，因案例中背離發生於股價低點底部區域，所以也稱之為底背離。

　　還有一種背離關係出現在股價高點的頂部區域，我們稱之為頂背離。如

圖 4-4 所示，A 點股價與 MACD 同步創出新高，B 點股價繼續上漲並創出新高，但 MACD 已經無力再創新高，這種技術形態就是頂背離。

圖 4-3　底背離

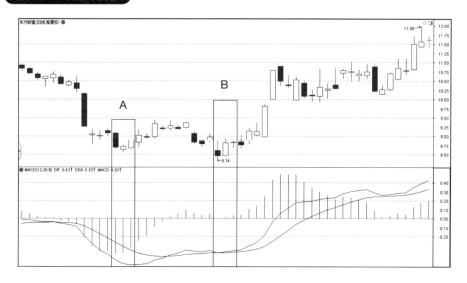

圖 4-4　頂背離

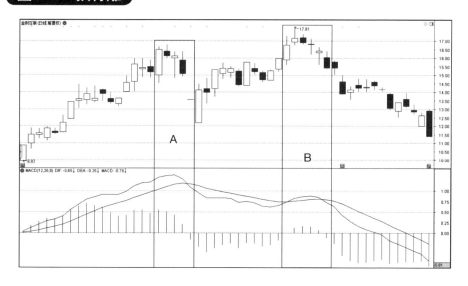

　　無論是底背離還是頂背離，MACD 指標的背離訊號在實戰中，具有相對較高的準確性，投資人對此要高度重視。

基本理念與重要法則

　　關於 MACD 指標的技術應用，最有說話權的應該是其發明人阿佩爾先生。我們看看他本人對 MACD 指標及其應用，是如何進行解讀的。

1. 基本理念

　　(1) MACD 表示短期指數移動平均線與長期指數移動平均線的離差。

　　(2) 當市場趨勢走強時，短期移動平均線會比長期移動平均線更快上升，MACD 會向上運行。

　　(3) 當市場上漲趨勢弱化時，短期移動平均線會逐漸變得平緩；如果市場持續下跌，則短期移動平均線會向下穿過長期移動平均線，MACD 線降到 0 線以下。

　　(4) MACD 方向的變化，反映出市場原有趨勢將逐漸走弱，但是否一定發生趨勢反轉，應配合其他指標綜合考慮。

　　(5) 在價格運動過程中，短期移動平均線會與長期移動平均線發生聚合或背離，因此，MACD 實際上就是反映移動平均線聚合或背離程度的指標。

2. 重要法則

　　(1) 如果在最近一次賣出訊號發出後，MACD 線由上而下穿過 0 線，之後發出的買入訊號將更為可信。當買入訊號發出時，MACD 線未必在 0 線以下，但在最近一次價格下跌過程中，MACD 線應曾位於 0 線以下。

　　(2) 如果在最近一次買入訊號發出後，MACD 線由下而上穿過 0 線，之後發出的賣出訊號將更為可信。當賣出訊號發出時，MACD 線未必在 0 線以上，但在最近一次價格上漲過程中，MACD 線應曾位於 0 線以上。

　　(3) 當股市處於牛市行情，尤其是在上漲的初始和主升段時，MACD 在發出買入訊號前可能未曾位於 0 線以下，但由於市場行情十分強勁，投資人

可以考慮進入市場。類似的情況也適用於熊市行情，但在一般情況下，投資人在進行投資決策時，應充分考慮「0 線法則」。

3. MACD 指標的黃金規則

⑴ 投資人應使用至少含有 2 個 MACD 指標的組合：短期 MACD 用於選擇買入時機，長期 MACD 用於選擇賣出時機。

⑵ 當市場處於大漲行情時，應積極買入慎重賣出。可以用短期（6-19）MACD 選擇買入時機，用長期（19-39）MACD 選擇賣出時機。

⑶ 當市場行情較為平穩或略有上升時，應當積極地買入，而慎重地賣出。投資人可以用中期（12-26）MACD 選擇買入時機，用長期（19-39）MACD 選擇賣出時機。

⑷ 當市場處於大跌行情時，應快速買入、快速賣出。此時，投資人應採用更為敏感的 12-26 MACD 作為買入和賣出時機的選擇標準。注意，除非價格達到或低於停損點水準，否則選擇賣出的先決條件為 MACD 線在上漲過程中，曾向上穿過 0 線。

圖 4-5 和圖 4-6 是相同的 K 線圖。圖 4-5 中 MACD 採用的參數是 12-26，圖 4-6 中 MACD 的參數是 6-19。對照這兩張圖可以發現，無論是 A 點、B 點和 C 點，圖 4-6 中的 MACD 都要稍稍提前，這對於短線投資人是有幫助的，但是也要注意因參數修正所帶來的頻繁提示買賣點的缺陷。

無論是發明者還是後來的使用者，對於某一理論的認識、理解以及實戰應用，都會隨著時間的推移而發生變化。在股票市場的技術分析理論中，沒有任何一種技術分析的應用法則是互古不變的真理。

例如，阿佩爾先生在其黃金規則第 4 點中提到：「當市場處於大跌行情時，應快速買入，快速賣出。」這種觀點就很值得商榷，原因如下。

第一，不具有普遍適用性，因為每一位投資人的性格、認知、反應等綜合能力有著較大的差異性。對於某些在交易策略、技術上有獨到認識和理解的老手來說，也許大跌行情對他而言也存在一定的機會；但對於新手或者其他投資類型的投資人來說，癡信這個觀點將會帶來災難。第二，大跌行情中的某一階段確實存在交易機會，但這種機會並非俯拾即是。

圖 4-5 MACD 參數 12-26

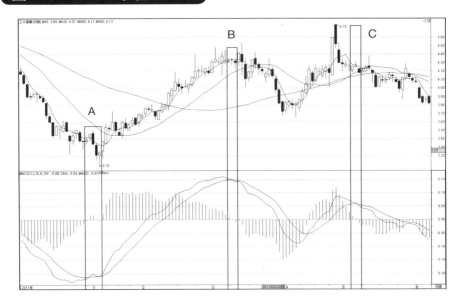

圖 4-6 MACD 參數 6-19

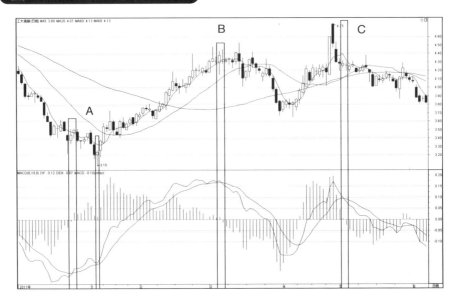

4-2

教你如何用 MACD 預測行情

阿佩爾曾說：「MACD 指標可以應用於不同的時間期限內，這些期限可以從 15 分鐘到數年。」由此可見，MACD 指標的應用範圍非常廣泛，既可以用來判斷中長線行情，也可以用來判斷短線行情。

中長線行情的判斷作用

在分析股價的中長期走勢上，MACD 具有相當大的作用。如圖4-7所示，A 點處股價一波急跌後止跌反彈，MACD 隨之向上黃金交叉。股價反彈結束後繼續下跌，至 B 點再次出現小幅反彈，這時的 MACD 就需要我們格外關注了。在 B 點，MACD 並沒有像股價一樣刷新低點，而是在高於 A 點的位置轉向上升。

當 B 點背離關係出現時，是否意味著可以買入了呢？有些投資人在理解 MACD 背離關係時容易進入誤區，以為見到背離形態就意味股價馬上會止跌回升，於是匆忙買入結果未獲獲利反遭虧蝕。

審視 MACD 的背離形態是一個複雜的過程，絕不是看到某一點出現背離就一定會出現股價的相應變化。如圖 4-7 所示的 B 點，MACD 雖然出現背離，但是其整體運行趨勢並未呈現出強勢變化，比如 B 點的 MACD 指標仍舊處於 0 軸線之下。

在實戰中，MACD 出現如同 B 點的背離後，隨著股價的繼續下跌，再次刷新低點的案例並不少見。同時，使用 MACD 判斷中長線行情，一段時

圖 4-7　趨勢判斷

期內成交量的變化也應在考慮範疇內。

　　B 點之後雖然有一個短暫的放量，但這種突發性放量的過程並不具備判定行情大趨勢的意義。除此之外，B 點前後成交量基本上呈縮量的態勢，結合股價的疲弱表現，MACD 在 B 點的背離值得我們重點關注，但顯然不具備充分的買入條件。

　　如上述，很多投資人使用技術分析判市之所以容易出現失誤，原因之一就是在對技術指標分析不夠充分的情況下，輕率地做出決定。

　　B 點至 C 點的股價以小陰小陽線的形式繼續下跌，成交量萎靡，MACD呈現相互纏繞、黏合的狀態，整體運行趨勢悄然向上。若看到盤面上的這種形態，我們應該進一步關注，因為這通常意味著該股整體趨勢運行到了一個重要關口上，一個必須做出抉擇的關口。

　　如果說 C 點之後 MACD 向上張口尚不足以認定趨勢改變的話，那麼 D點成交量持續放出，股價一改頹廢之風貌，呈現卓然上行的態勢，顯然能夠給投資人相當明確的入場提示。

對於特別謹慎的投資人來說，D 點也有足夠多的介入時機：當成交量由啟動時的放量到回檔時的縮量，再到上升放量，尤其是股價輕鬆突破前期高點時，存在很多介入機會。例如，MACD 在 E 點股價回檔時一度跌破 0 軸線，但之後迅速回升，隨同股價創新高，這些都是介入時機或者說投資人判斷大趨勢扭轉的技術訊號。

我們在前面分析了 MACD 在判斷行情中長期趨勢上的部分作用，實戰中行情的變化五花八門，並不僅限於上文提及的那種形式，而 MACD 的應用也應隨之改變。

短線行情的判斷作用

如圖 4-8 所示，某股在一輪跌勢過後 MACD 出現底背離，股價上漲，在 60 日均線上股價開始回落，至 A 點收出一個帶上下影的小陽線。在這個位置上，股價會結束回檔繼續上升，還是略作休憩然後回歸下跌趨勢？

如圖 4-8 所示，A 點股價得到 20 日均線的支撐，暫時止跌，股價正處於 60 日均線的壓力和 20 日均線的支撐這個狹小的空間內。就均線系統來說，60 日均線處於下行，20 日均線處於走平態勢，它們都不具備明確的、方向性的提示作用。

我們再來看看成交量的情況，在最近的這一波股價上升的過程中，成交量出現了一定程度的不規則放大，至股價回檔時成交量逐步縮小，A 點單日的成交量情況和股價在前期低點時相仿。一般來說，這種量價關係告訴我們，A 點的止跌不是因為有資金主動性買入帶來的，而是因為沒有多少人願意在這個價位上賣出。

但是，該股量價關係上的一個細節還是給了我們一些信心，即 A 點縮量止跌的位置遠高於前期低點。也就是說，從前期低點放量進入的這部分資金，至少在 A 點時已經不願意賣出了，這是量價關係告訴我們的一個積極訊號，但是僅僅依據這個細節就決定交易，未免有失穩健。

我們再來分析一下 MACD 指標，如圖 4-8 所示，MACD 在 A 點時正處於 0 軸線附近，介於強弱分水嶺之間，缺乏判斷意義，這時我們就需要借助

圖 4-8 短線行情的判斷

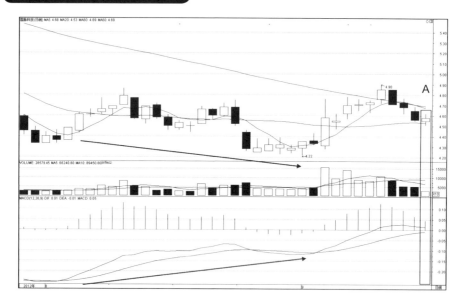

更短的時間週期內的分析圖，來觀察和分析 MACD 的變化情況。

圖 4-9 和圖 4-10，是該股本次高點回檔至今的 5 分鐘和 15 分鐘 K 線圖。在這兩張圖上，MACD 基本上處於「回落—背離—回升」的狀態。在這兩張圖中的 A 點上，出現了我們很熟悉的買入 K 線組合——早晨之星，這個技術特點印證了我們的看漲分析。

但是，所有的技術分析和結論是否正確，都需要一個確認的過程，而這個過程經由該股次日開盤的前 30~60 分鐘的表現，就可以得出結論。

如圖 4-11 所示，標示為 1 的 K 線，為該股次日開盤後第一個 5 分鐘的股價表現，我們可以看到，該股次日開高後小幅回落。開盤後第二個 5 分鐘，股價回補了當天的跳空缺口後轉升，同時 MACD 開始穿越 0 軸線，初步確立了強勢形態。

開盤後第三個 5 分鐘，股價放量衝高後小幅回落，之後標示為 4、5、6 的 3 個 5 分鐘 K 線，顯示股價緩慢回落的過程。這個過程很關鍵，決定了該股是繼續走強，或是虛晃一槍轉而掉頭下跌。

圖 4-9　5 分鐘 K 線圖

圖 4-10　15 分鐘 K 線圖

圖 4-11　5 分鐘 K 線圖

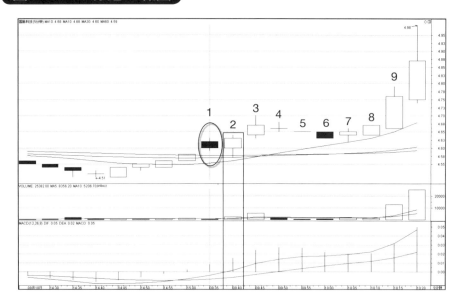

　　開盤後第七個 5 分鐘，K 線的下影線顯示出支撐力量的存在。開盤後第八個 5 分鐘，雖然量能仍處於萎縮狀態，但 K 線實體遠超之前多個 K 線，多方微弱的進攻便可收復大片失地，股價此時遭遇的賣壓已經微乎其微。

　　MACD 從第三個 5 分鐘開始，在股價回檔過程中一直保持較強的蓄勢狀態，這一切都告訴短線投資人：第八個 5 分鐘結束之際，就是最佳的介入時機！第九個 5 分鐘時，該股的盤面上已經強勢畢現，沒必要多說什麼了。

　　如圖 4-12 所示，A 點是該股開盤之後 3 根 15 分鐘 K 線，這 3 根 K 線已經收復了股價回檔以來的大部分失地。MACD 已經從前一交易日蓄勢啟動的狀態一躍而起，盤面上的強勢毋庸置疑。因為買點在 5 分鐘 K 線圖中已有詳盡的講述，所以我們就不對 15 分鐘 K 線圖做分析了。

　　該股的強勢還是很出人意料的，如圖 4-13 所示，該股當天以漲停板報收，股價放量越過前期高點。MACD 從 0 軸線附近介於強弱分水嶺的含混狀態中，似乎突然甦醒，開始向上發散，這意味著一個至少短期內的強勢形態仍將繼續保持。

圖 4-12　15 分鐘 K 線圖

圖 4-13　日線圖

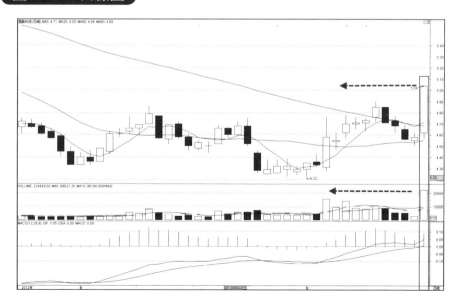

4-3

用 MACD 看出的 4 大買點訊號

黃金交叉的買點

　　當 DIF 和 DEA 為負值，且運行於 0 軸線之下，說明個股整體趨勢處於下跌行情階段。如果 DIF 向上黃金交叉 DEA，受限於 0 軸線下的弱勢，有可能出現上漲機會，但需要謹慎驗證。

　　如圖 4-14 所示，在 A 點 0 軸線之下 DIF 向上黃金交叉 DEA 之後，股價反而開始小幅回落。MACD 處於 0 軸線之下，說明行情整體仍處於弱勢。當 DIF 向上黃金交叉 DEA 時，既有可能是短暫微弱的反彈行情，也有可能是一波大漲行情的起點。

　　投資人應該如何界定這個黃金交叉的性質？第一，分析該股之前的歷史走勢，如果該股剛經歷過長期或大幅下跌，那麼黃金交叉至少會帶來一波較強的反彈；第二，既然股價處於弱勢中，那麼黃金交叉出現後，觀察是否有轉強的跡象。

　　B 點股價回落，MACD 並未再次向下死亡交叉，而是處於收斂狀態，表現出一定強度的支撐。當 MACD 向上發散時，至少已經出現一個短線機會。

　　當 DIF 和 DEA 為正值，且運行於 0 軸線之上時，說明個股整體趨勢處於上漲行情階段。如果 DIF 向上黃金交叉 DEA 時，則是波段行情的買入訊號。在 0 軸線之上，DIF 向上黃金交叉 DEA，說明股價可能已經結束強勢行情中的回落整理，即將展開又一波上漲行情。如圖 4-14 中 C 點所示，

圖 4-14　黃金交叉的買點

DIF 向上黃金交叉 DEA 之後，股價開始了一個波段性的上升行情。

　　但是，對於 0 軸線之上發生的黃金交叉，投資人也不可一概而論。一般來說，當 DIF 和 DEA 為正值，且運行於 0 軸線之上時，說明上漲行情已經運行了一段時間。如果這時股價處於上漲高位，那麼投資人對獲利就不能過於期待，反而要謹慎對待。

背離的買點

　　股價多次創出新低，但如果 MACD 並沒有隨之創出新低，行情可能即將止跌反彈。如圖 4-15 所示，在 A 點，股價創出新低，MACD 同步創出新低；在 B 點，股價再次創出新低，MACD 並沒有刷新低點，反而比 A 點股價略高，二者形成背離關係，投資人可尋機介入。

關於背離的注意事項，我們在前面的案例中已經講過，這裡不再贅述。實戰中，當發生背離時，如果 MACD 仍保持著黏合或收斂的狀態，那麼其蘊含的強勢程度要高於 B 點的死亡交叉，如圖 4-15 所示。

圖 4-15　背離的買點

雙黃金交叉

在 0 軸線之下數值大致相仿的區域，DIF 第二次向上黃金交叉 DEA，行情可能即將上漲，投資人可擇機買入。MACD 雙黃金交叉應發生在數值大致相仿的區域，第二次黃金交叉的位置不能過高，否則就是背離關係；第二次黃金交叉的位置如果過低，則是單純的黃金交叉形態。

如圖 4-16 所示，當 A 點第一次出現 DIF 黃金交叉 DEA 時，股價出現一個短暫的反彈後就繼續下跌；當股價到達 B 點時，DIF 再次黃金交叉DEA，股價經過震盪後開始一波上升行情。

　　實戰中，發生在 0 軸線之上的雙黃金交叉，股價上漲的機率不如 0 軸線之下；在 0 軸線上下盤繞中發生的雙黃金交叉，多半會形成股價的震盪盤整，方向上更難以確定。

圖 4-16　雙黃金交叉的買點

向上平穩持倉

　　當 MACD 平穩向上運行時，意味著上漲行情正處於快速發展階段，投資人可穩定持倉。如圖 4-17 所示，MACD 穩定向上運行，DIF 和 DEA 保持著持續向上發散的態勢，投資人可穩定持有倉位。

圖 4-17 向上平穩運行

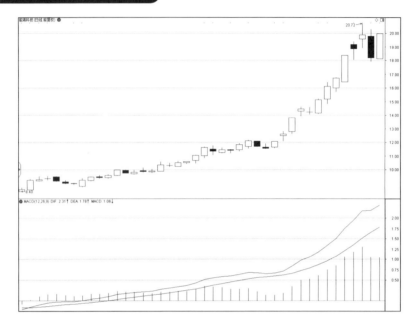

4-3

用 MACD 看出的 4 大賣點訊號

死亡交叉的賣點

　　如果 MACD 在 0 軸線之上，說明個股整體趨勢處於上漲行情階段；如果 DIF 向下死亡交叉 DEA，則股價至少會出現一個短暫的回落。此時，短線投資人可以短線減倉；但是對於在股價高位出現的 MACD 死亡交叉，投資人要保持高度警惕，因為股價可能會迎來趨勢轉折。

　　當然，實戰中 MACD 在 0 軸線之上出現死亡交叉，大多只是一個股價的回檔過程，不必然都是行情的拐點。投資人需要分析和研判個股的歷史漲幅、量能等，不能僅僅依據 MACD 的死亡交叉就斷定跌勢拐點的到來。

　　如圖 4-18 所示，A 點 DIF 和 DEA 形成死亡交叉，股價隨即開始一波回落。過程中，股價跌速和下跌角度都相對平穩，MACD 尚未觸及 0 軸線就開始回升。經由分析技術細節以及該股歷史漲幅不大等因素，投資人可以判斷出 A 點死亡交叉，帶來的只是股價的正常回檔。

　　當行情運行到 B 點時，股價已經出現了較大的升幅，這時 MACD 再一次出現死亡交叉，就需要投資人高度警惕並及時減倉了。

　　在個股下跌趨勢運行期間，當 MACD 在 0 軸線之下時，投資人要格外關注 MACD 死亡交叉出現的位置。如果離 0 軸線很近，那麼應當及時減倉；如果這個死亡交叉和 0 軸線有一段距離，同時股價也經過了長期大幅度的下跌，那麼接下來投資人可能面對的是股價轉為升勢之前的最後一跌。

　　如圖 4-19 所示，該股在下跌過程中出現一波小反彈，之後再次下跌，

圖 4-18　死亡交叉的賣點

A 點 MACD 形成死亡交叉，位置在 0 軸線附近。之後，股價繼續下跌，MACD 向下發散並下行較大的距離後，才漸漸收斂。

　　MACD 剛從 0 軸線上方下行而來，只是隨著股價的反彈出現小幅上行並接近 0 軸線，這就意味著 MACD 不具有上穿 0 軸線的強度。弱勢之下，A 點再次出現死亡交叉，只能增大弱勢的程度，而不可能反之。實戰中如果出現類似 A 點的死亡交叉，多數情況下都是繼續減倉的訊號。

背離的賣點

　　股價創出新高，但 MACD 並未配合創出新高，則行情可能出現回落。如圖 4-20 所示，股價在 A 點創出新高，而 MACD 指標不但未能創出新高，還呈現出下降的態勢。對於這種情況，投資人首先應該提高戒備之心，小心跌勢的到來，同時可綜合均線等指標，確定股價升勢轉折的位置。

圖 4-19　0 軸線之下的死亡交叉

圖 4-20　背離的賣點

雙死亡交叉的賣點

在 0 軸線之上，DIF 連續兩次向下死亡交叉 DEA，如果個股股價處於大幅上漲的高位，極有可能是行情扭轉的訊號，投資人應當逢高賣出。

如圖 4-21 所示，A 點時 MACD 出現第一次死亡交叉，股價回檔後繼續上升並創出新高，而 MACD 保持著橫向移動的態勢。此時，投資人必須高度警惕，一旦股價出現上漲乏力的跡象，就是堅決清倉之時。在 B 點，MACD 出現第二次死亡交叉，股價開始迅速回落，並由此構築了頂部區域。

圖 4-21　雙死亡交叉的賣點

向下平穩運行

當 MACD 平穩向下運行時，意味著下跌行情正處於快速發展階段，投資人應空倉觀望，不要入場搶反彈。如圖 4-22 所示，DIF 和 DEA 保持著向

下發散的態勢，MACD 維持順暢的下跌態勢，說明整體下跌趨勢方興未艾。
儘管跌勢中途股價一度出現橫向盤整或反彈，但是 MACD 在這種態勢下，
投資人最好選擇空倉觀望。

圖 4-22　向下平穩運行

1 分鐘重點複習

4-1 盡信書不如無書。會讀書的人，在讀書中思考、在讀書中開拓思路，而不是按圖索驥、刻舟求劍。

4-2 預判不同級別的行情，需要不同的分析方法。

4-3 所有技術指標發出的提示訊號，都需要由自己最終確認。

4-4 在實戰中，對技術指標的不同研究深度會產生不同的結果：有人用它賺了錢，有人卻虧了錢。

Chapter 5

活用 K 線的結構和形態，
就能低買高賣「賺飽價差」

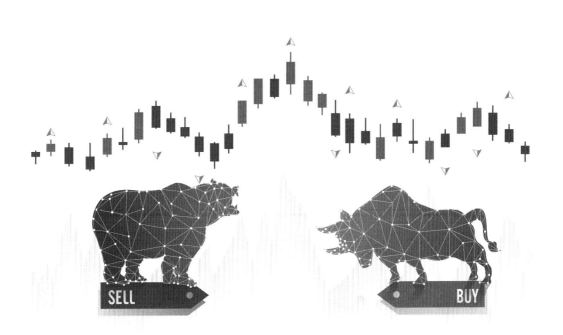

5-1

常用的 3 種 K 線分析法

　　K 線是由日本德川幕府時代的米市商人本間宗久發明的，最初是用來記錄米市行情與分析價格波動的一種方法，而後被引入股市及期貨市場。

　　1990 年，美國人史蒂夫・尼森（Steve Nison）以《日本蠟燭圖技術》一書向西方金融界展示了蠟燭圖、磚塊圖、折線圖等日本證券技術分析手段，引起了轟動，他也因此被西方金融界譽為「K 線分析之父」。

K 線構成

　　如第一章所介紹的，K 線包括四個部分：開盤價、收盤價、最高價、最低價。我們通常用長方形的實體來標示開盤價和收盤價，用一根向上和向下的細線（即上影線和下影線）來標示最高價和最低價。

　　實戰中，K 線形態的變化較多，既有不帶上下影線、只有實體部分的 K 線；也有上下影線極長而實體極小的 K 線等等型態。

K 線分類

　　如果以收盤價格漲跌進行劃分，那麼 K 線可以分為三大類，即陽 K 線、陰 K 線、平線。收盤價高於開盤價的 K 線為陽 K 線，收盤價低於開盤價的 K 線為陰 K 線，收盤價與開盤價一致的 K 線為平線。

如果以 K 線數量進行劃分，那麼 K 線分析方法，可以分為單根 K 線分析、K 線組合分析、K 線形態分析，這三種 K 線分析類別在實戰中應用最為廣泛，也最具代表性。

1. 單根 K 線

單根 K 線是 K 線技術分析的基本元素，有單根 K 線才能談到 K 線組合、K 線形態。依據 K 線不同的構成形態，可以將其分為光頭光腳陽線、光頭光腳陰線、帶影線的陽線、帶影線的陰線、十字星、T 字線等。

上述列舉的是一些典型、常見的單根 K 線，實戰中 K 線形態的變化極為複雜，但它們多半是從這些典型的 K 線變形而來的，其技術含義較為接近。例如，一些上下影線較長且具有極小實體的 K 線，和十字線的技術含義並無太大區別。投資人學習 K 線時，是要學其技術含義，而不是形態上的細微差異。

在分析單根 K 線本身變化的同時，也應該分析該 K 線出現的趨勢，因為同樣的 K 線形態在不同的趨勢中，所蘊含的技術意義可能截然不同。

2. K 線組合

由兩根或多根 K 線進行組合，即構成 K 線組合。K 線組合的形式較多，對於彌補投資人使用單根 K 線分析行情變化容易出現誤判的缺陷上，K 線組合有很大的幫助。單根 K 線的優點是反應靈敏，缺點是穩定性欠佳。K 線組合則是單根 K 線的必要補充形式，因此在實戰中，投資人應以單根 K 線確定分析方向，而以 K 線組合驗證方向的正確性。

3. K 線形態

K 線形態是較長時間內由單根 K 線、K 線組合彙聚而成的，能夠顯示出價格長時間運行趨勢的　種 K 線分析類別。

K 線形態在對行情反應的靈敏度上，遠遠不及單根 K 線和 K 線組合，但是其在穩定性上的優勢，則不是上述二者所能比擬的。K 線形態可以用來判斷行情趨勢，K 線形態一旦形成趨勢方向，往往短時間內難以發生改變。

5-2

引發股價震盪的單根 K 線

光頭光腳陽線

光頭光腳陽線的開盤價是最低價，收盤價是最高價。按實體大小可分為大陽線、中陽線、小陽線等，如圖 5-1 所示。

圖 5-1　光頭光腳陽線

大陽線　　　　中陽線　　　　小陽線

光頭光腳陽線的最強表現形式，是漲停板大陽線或漲停板一字線。

漲停板光頭光腳大陽線，是指個股的開盤價是當日最低價，而收盤價就是當日最高價，從而形成了一根光頭光腳大陽線形態。如圖 5-2 所示，該股開盤價即為當日最低價，收盤價也就是當日最高價——漲停板。

即使光頭光腳大陽線未達到漲停板漲幅，也顯示出多方的強勢。多數情況下，當這種大陽線出現時，都會有相應的較大成交量的配合。但是，如果成交量過度放大（達到歷史高量值），則要注意防範股價回落的風險。

當光頭光腳大陽線出現在股價大幅上漲後的高位時，投資人需要注意股價接下來可能會發生逆轉走勢。當光頭光腳大陽線出現在股價大幅或長期下跌的低點區域時，即使不是趨勢啟動點，也是股價震盪築底的標誌。

實戰中，光頭光腳的中陽線和小陽線相對較為少見，多數中小 K 線會帶有幅度不等的影線。在技術意義上，這些 K 線並無太大差別。

圖 5-2　漲停板大陽線

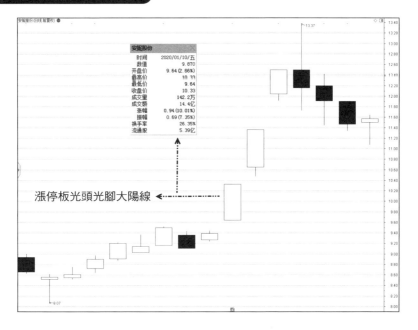

光頭光腳陰線

光頭光腳陰線的開盤價是最高價，收盤價是最低價。按 K 線實體大小可分為大陰線、中陰線、小陰線等，如圖 5-3 所示。

這種 K 線最弱的表現形式，是跌停板大陰線或跌停板一字線。跌停板光頭光腳大陰線，是指個股的開盤價是當日最高價，而收盤價就是當日最低價，從而形成了一根光頭光腳大陰線形態。如圖 5-4 所示，該股開盤價即為

當日最高價,收盤價也就是當日最低價——跌停板。

　　即使光頭光腳大陰線未達到跌停板跌幅,也顯示出了空方的強勢。與大陽線不同的是,當這種大陰線出現時,未必會有較大的成交量。倘若成交量達到歷史高值時,說明有大量的恐慌盤參與其中,後續股價未必會出現連續大跌,反而可能走出反彈走勢。

圖 5-3　光頭光腳陰線

大陰線　　　　　中陰線　　　　　小陰線

圖 5-4　跌停板大陰線

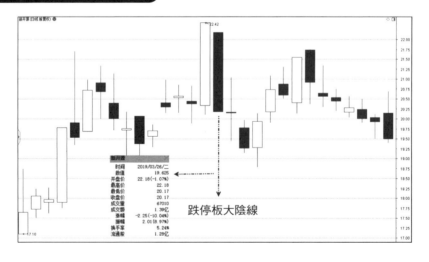

帶影線的陽線和陰線

影線是指上影線和下影線。

當股價當日的最高價不是開盤價或收盤價時，就會產生上影線，通常用一根向上的線柱來表示。當股價當日的最低價不是開盤價或收盤價時，就會產生下影線，通常用一根向下的線柱來表示。實戰中，大部分 K 線或多或少都會帶有上影線或下影線，而光頭光腳的 K 線則相對較少。

帶影線的陽線是指收盤價高於開盤價，K 線實體部分為陽 K 線，但當日的最高價或最低價在 K 線實體之外。其按實體大小和上下影線的長短，可分為多種類型，比如長上影陽線、長下影陽線等。

經由帶影線的陽線或陰線實體人小，可以確定多方或空方的狀況，而影線可以顯示出買賣雙方的激烈程度。如圖 5-5 所示，A 點收出一根上影線較長、下影線較短的陽線。圖中左側是這根 K 線當日的分時走勢圖，該股當日一直處於跌勢的震盪過程中，當接近尾盤時，股價突然一躍而起。

股價的突然拉升和隨後的衝高回落，形成了下影線和長長的上影線。看上去很平常的一根 K 線，其實隱藏著盤中的跌宕起伏。帶影線的陽線或陰

圖 5-5　帶影線的陽線

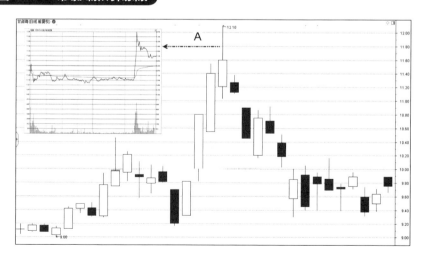

線，其實體部分只是最終交易結果，而影線藏有股價真實的「路線圖」，也就是藏著主力資金的秘密。

十字線

十字線是指盤中分別出現過一定幅度的上漲和下跌，但在交易結束時，收盤價回到開盤價的價位上。十字線意味著多空雙方盤中有過博弈的過程，但最終雙方都未能擴展自己的優勢，多空局面更趨於平衡。

實戰中，還有一種技術形態與十字線很接近，其技術研判意義也大致相同，這就是十字星。十字星與十字線的區別在於，前者的收盤價與開盤價並不一致，存在極小的實體，如圖 5-6 所示。

十字線在實戰中具有重要的分析意義，雖然收盤價與開盤價一致，看上去股價似乎波瀾不驚，但十字線具有上影線和下影線，也就意味著多空雙方盤中必然有一番廝殺，影線越長，雙方的爭奪也就越激烈。

如圖 5-7 所示，A 點報收一根上下影線都極長的十字線，該圖左側是這根十字線當天的分時走勢。該股開盤後下跌超過 4%，之後反彈上漲也接近 4%，這種震盪幅度不可謂不大，雖然最終收盤價回到開盤價價位上，但如此大幅折返，勢必會對持倉者帶來不利的影響。

十字線和十字星最根本的形態含義就是盤中震盪，投資人在對這兩種 K 線形態進行分析時，首先要看十字線出現的位置。例如，股價高位出現十字線，其震盪的本義說明一直做多的資金出現分化，導致多空分歧增大，否則不會出現十字線這種形態，此時投資人就要小心主力減倉。股價低位出現十

圖 5-6　十字線與十字星

長短十字線　　十字星

圖 5-7　十字線案例分析

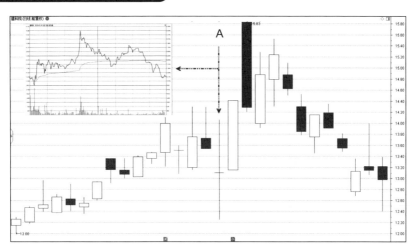

字線，表示一直隱藏的買入資金不甘寂寞，終於開始「登台演出」，股價的趨勢可能由此改變。

T 字線

　　T 字線是指盤中空方有打壓動作，但收盤前多方收復失地，收盤價回到開盤價的價位，如圖 5-8 所示。

　　股價大幅下跌或大幅上漲後出現 T 字線，預示著將要面臨趨勢轉折。如圖 5-9 所示，該股連續上漲後，A 點報收一根 T 字線。當日該股以漲停板價開盤，盤中漲停板被打開，出現了近 3% 的回落。雖然收盤時該股股價仍然漲停，但 T 字線下影線的存在說明盤中多方籌碼已經出現鬆動跡象，持倉的投資人應做好減倉的準備。

倒 T 字線

　　倒 T 字線是指盤中多方發起過上攻，但收盤前又被空方重新打回開盤

位置，如圖 5-9 所示。

　　股價大幅下跌或大幅上漲後出現倒 T 字線，可能面臨著趨勢轉折。如圖 5-9 所示，該股出現急速下跌後，於 B 點開盤跌停，隨後出現超過 3% 的反彈。雖然收盤前股價又被打回到跌停板價位，但上影線的存在說明盤中做多資金已經開始組織反擊。

　　在跌勢中，倒 T 字線發出的止跌訊號，其準確性不如 T 字線。甚至有時候，倒 T 字線的出現僅僅是一個下跌中繼形態，投資人需要借助其他技術分析手段綜合研判。

圖 5-8　T 字線與倒 T 字線

倒 T 字線　　　T 字線

圖 5-9　T 字線與倒 T 字線案例

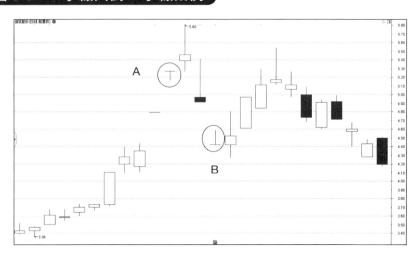

錘頭線

　　錘頭線是指開盤價和收盤價相差不大，所以 K 線實體很小但下影線極長的一種 K 線。實戰中，錘頭線的變形形態會有極短的上影線，因其技術研判意義與錘頭線相同，所以也可以歸為錘頭線形態。

　　如圖 5-10 所示，錘頭線的實體如果是陽線，為陽錘頭線；錘頭線的實體如果是陰線，則為陰錘頭線。這兩種形態的技術意義相差不大，陽錘頭線的見底訊號略強於陰錘頭線。

圖 5-10　錘頭線

陽錘頭線　　　　陰錘頭線

　　錘頭線形態的出現，說明盤中有過大幅下跌，多方反攻收復失地。但錘頭線極小的實體，顯示多方並不具有超強的能量。錘頭線如果出現在大漲之後，多為見頂訊號，如圖 5-11 所示，該股連續上漲後於 A 點出現錘頭線，之後股價衝高後轉入跌勢。

　　如果錘頭線出現在大跌之後，則多是反彈訊號。個股如果某日大幅跳空開高後，出現陰錘頭線，則稱之為吊頸線，見頂的可能性較高。

圖 5-11 錘頭線案例

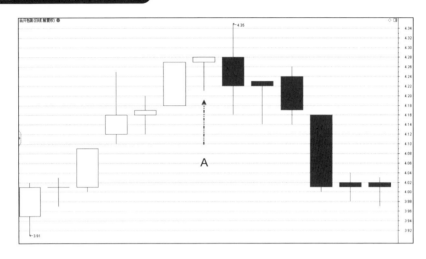

倒錘頭線

倒錘頭線是指開盤價和收盤價相差不大，K 線實體很小但有極長的上影線的 K 線形態，如圖 5-12 所示。

倒錘頭線出現在股價高位，為見頂訊號。當日開高形成的倒錘頭線，被稱為射擊之星。倒錘頭線如果出現在底部區域，則有見底的可能，但見底訊號會弱於錘頭線。

如圖 5-12 所示，該股一波下跌後，股價低位開始震盪探底，A 點報收一根倒錘頭線，之後股價開始反彈。這種類型的倒錘頭線，帶有上漲試盤的含義，或為主力資金在拉升前最後洗盤的行為。

圖 5-12　倒錘頭線案例

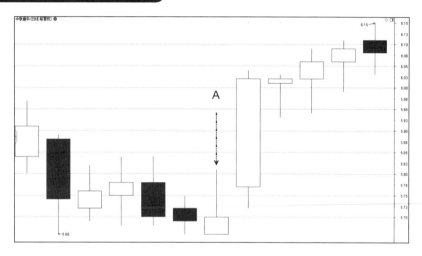

一字線

　　一字線是指開盤即漲停或開盤即跌停所形成的 K 線形態，全天交易只在一個價格上，是個股的一種極端走勢。

　　一字線的方向性極其明確，在縮量的情況下能夠持續一段時間。當成交量出現放大時，一字線會被打破，股價就此開始大幅震盪的可能性很大。

　　如圖 5-13 所示，A 點時該股連續出現四根一字線漲停板，至 B 點時，成交量放大，雖然股價最終依然收在漲停板，但隨著一字線的消失，股價開始進入震盪走勢。

圖 5-13　一字線

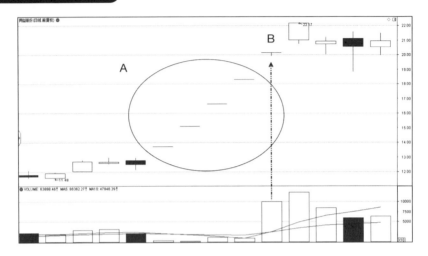

螺旋槳

　　螺旋槳是指實體部分很小，卻同時擁有較長上下影線的一種 K 線形態，如圖 5-14 所示。這種形態的出現，往往暗示原有的趨勢可能改變。

圖 5-14　螺旋槳

　　如圖 5-15 所示，在股價漲升的高位，A 點出現陰螺旋槳形態，隨後股價發生震盪下跌。螺旋槳形態的出現，意味著股價可能將要告別單向運行，進入大幅震盪或趨向轉折階段。當投資人看到這種 K 線時，就應明白股價原有的運行節奏將要被打破，投資人可以提前做好相應的準備。

圖 5-15　螺旋槳案例

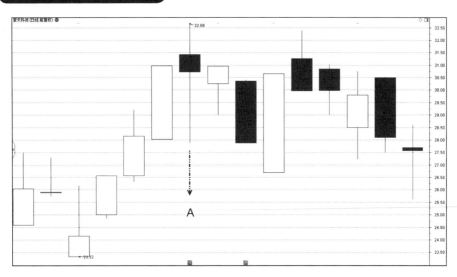

5-3

用看漲、看跌的 K 線組合，學會看波段的規律

看漲 K 線組合

1. 早晨之星

　　如圖 5-16 所示，早晨之星由三根 K 線組合而成，第一根 K 線是中陰線或大陰線，第二根 K 線是小陽線或小陰線，第三根是中陽線或大陽線。第三根 K 線的陽線實體切入第一根陰線的實體之中，切入的幅度越大，訊號越明確。在一輪大跌之後，如果出現早晨之星，則見底反彈的機率極高。

　　早晨之星的實戰判斷要點如下。

　　● 在一根大陰線或中陰線出現之後，第二根小陽線、小陰線或十字星，具有跌勢停歇的意義。

　　● 一般來說，第二根 K 線具有較長影線更佳。

　　● 第三根 K 線的陽線實體切入或吞沒第一根陰線的實體，顯示出強烈的逆轉性。

　　● 在大幅下跌之後出現早晨之星，其見底的技術含義更為可信。

圖 5-16　早晨之星

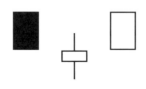

　　如圖 5-17 所示，某股在一波下跌趨勢中，A 點的第一根大陰線，無疑會給市場帶來恐慌，一部分持倉者會不計成本地賣出手中的籌碼。

　　第二根十字線顯示恐慌性賣出仍在延續，但隨著賣出程度的降低，以及有資金開始吸納，股價最終止住跌勢，以平盤報收。這根 K 線的下影線越長，預示著多方反攻的力道越強。第三根大陽線的出現，一改之前的股價頹勢，給予投資人股價趨勢可能發生轉折的希望。

　　早晨之星 K 線組合的技術要義，其實就是觀測股價慣性下跌過程中，有無發生轉折的可能性。如圖 5-17 所示，A 點第二根十字線不再延續下跌，而第三根 K 線向上發起攻擊，這種逆轉性是很明顯的。

　　但是投資人在實戰中，也要防備主力製造的多頭陷阱，以免被哄騙入場。比較容易出現騙線的，就在第三根 K 線上，我們要格外注意這根 K 線是否溫和放量。換句話說，就是量能不能出現驟增的情況，當然也不能過於萎縮，至少相比第一根或第二根 K 線有相應的增加。

圖 5-17　早晨之星案例

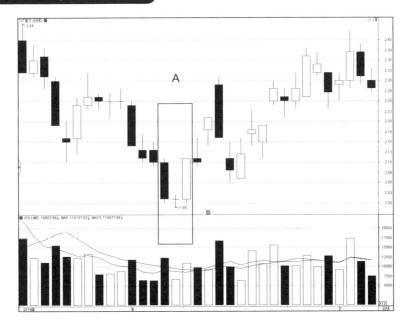

在實戰中，早晨之星出現的頻率非常高，但是多數和經典圖譜不同。投資人不必按圖索驥，而是要掌握早晨之星的具體含義做具體分析。

2. 多頭吞噬

如圖 5-18 所示，多頭吞噬由兩根 K 線構成，第一根 K 線為陰線，第二根 K 線為較大的陽線，後一根陽 K 線完全將前一根陰 K 線包容在自己的實體之內，顯示出多方強勁的反攻勢頭。多頭吞噬的實戰判斷要點如下。

● 在一根中小陰線之後，第二根較大的陽線低價開盤、高價收盤，將第一根陰線實體、影線完全包容。

● 第二根較大的陽線具有多方強勢反攻的意義。

● 大幅下跌之後出現多頭吞噬 K 線組合，有趨勢逆轉的含義。

圖 5-18　多頭吞噬

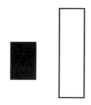

吞噬或包容的幅度越大，顯示多方的攻勢越強烈。如果當天的陽線實體能夠吞噬前面好幾天的 K 線實體，表示反轉的訊號更加強烈；同時，第二根陽線的開盤價距離前一根 K 線的收盤價越遠，發生反轉的可能性就越大。

如圖 5-19 所示，在一波下跌過程中，A 點第一根陰線似乎預示著下跌仍將繼續，其萎縮的成交量顯示出幾乎無人交易的冷清市場。

但是第二天股價順勢大幅低開後，突然強勢收漲一根巨大陽線，將多日的 K 線完全包容。隨後，股價經過震盪後開始反彈。

多頭吞噬具有一定的突然性，不會有太多的市場資金積極參與，所以，只要有多頭吞噬出現，當天的成交量一般不會很大。如果多頭吞噬出現當天就放出較大的成交量，則後面整理的機率就會比較大。

圖 5-19　多頭吞噬案例

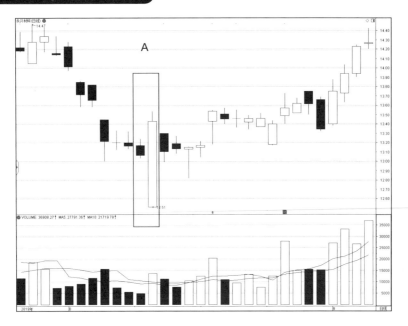

3. 紅三兵

　　如圖 5-20 所示，紅三兵由三根小陽線構成。如果紅三兵出現在個股底部區域或升勢中的盤整區域，並有相應成交量的配合，則往往是上漲行情啟動的先兆。紅三兵的實戰判斷要點如下。

　　● 出現在個股完成底部構築之後，其提示起漲的可信度較高，而在下跌過程中出現時，則往往會成為下跌中繼形態，即反彈後繼續下跌。

圖 5-20　紅三兵

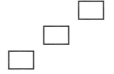

● 其三根小陽線依次向上，下方的成交量也應同步依次放大。在之後的行情運行中，成交量應表現為回檔時縮量、上漲時增量的良性持續發展。

如圖 5-21 所示，在一波下跌過程中，A 點在出現三根小陽線的紅三兵圖形後，股價略有整理，由此擺脫了下跌趨勢，進入上漲趨勢的運行之中。

在個股的底部區域或盤整階段出現紅三兵，意味著蟄伏的多方已有啟動跡象。同時，投資人可以觀察，在股價下跌過程和紅三兵出現後，成交量是否呈現由縮減到逐步放大的現象。如果存在這種現象，那麼隨著股價繼續延續升勢、量能漸次增大，趨勢的扭轉就會逐漸顯現出來。

紅三兵 K 線組合，是多方進行全面攻擊前的試探性上漲。如果這個形態出現在長期大幅下跌之後，往往會成為一輪上漲趨勢的啟動點。

圖 5-21　紅三兵案例

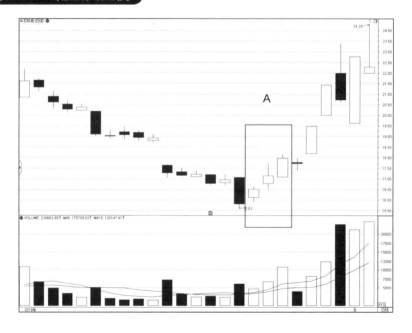

看跌 K 線組合

1. 射擊之星

如圖 5-22 所示，射擊之星有時候會被認為是一種單根 K 線的分析形式，但是結合實戰中的案例來看，其作為一種 K 線組合形式似乎更為恰當。在股價運行的高位，如果在一根中陽線或大陽線之後出現實體極小的長上影 K 線，則往往是極為強烈的看空訊號。射擊之星的實戰判斷要點如下。

● 上影線長度為實體長度的兩倍以上，上影線越長，則發生反轉的可能性就越大。

● K 線實體部分很小，或為十字線。

● 陰 K 線或陽 K 線皆可。

● 沒有下影線或者下影線很短。

圖 5-22　射擊之星

射擊之星當天的成交量越大，行情見頂的機率就越大。如圖 5-23 中 A 點所示，該股在出現一根大陽線過後，於 A 點報收射擊之星，之後股價轉入下跌。

射擊之星的盤中含義在於升勢的停頓和突然性轉折。如果射擊之星出現在長期大幅上漲的股價高位，極有可能轉入行情重要的頂部區域。

一般而言，隨著射擊之星的出現，即便不是股價頂部區域，股價由此出現較大回檔幅度的可能性也非常大。

圖 5-23 射擊之星案例

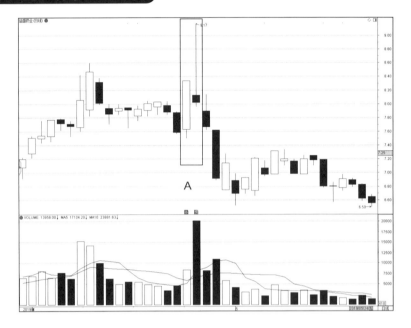

2. 穿頭破腳

　　如圖 5-24 所示，穿頭破腳是指第一根 K 線為中大陽線，次日，一根開高的大陰線將前一天陽線的實體部分，完全包容在大陰線的實體之內。穿頭破腳的實戰判斷要點如下。

* 上漲趨勢已維持較長時間。
* 前一根陽線出現在上漲的高位區域。
* 後一根陰線的開盤價和收盤價，完全覆蓋住前一根陽線的開盤價與收盤價。
* 後一根陰線的實體越大，上漲趨勢發生轉折的訊號就越強烈。

　　如圖 5-25 中 A 點所示，在股價經過一波連續大幅漲升後，出現穿頭破腳的 K 線組合，股價也隨之展開了一波下跌過程。

　　實戰中，如果穿頭破腳當天的成交量巨大，投資人見到重要頂部的可能

性就會大增。這種形態若在股價低價區和中價區出現，有主力騙線的可能；但若在高價區出現，則代表資金不計成本、大肆流出。

圖 5-24　穿頭破腳

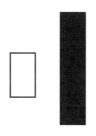

圖 5-25　穿頭破腳案例

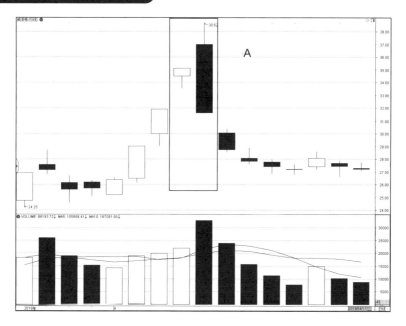

3. 烏雲蓋頂

如圖 5-26 所示，烏雲蓋頂的形態構成為：第一根 K 線為大陽線或中陽線，是對原上漲趨勢的擴展；第二根 K 線的開盤價，遠高於前一根 K 線的最高價，但收盤價卻跌入前一根 K 線實體中。第二根 K 線收盤價的位置越低，上漲趨勢發生轉折的訊號越強。烏雲蓋頂的實戰判斷要點如下。

● 上漲趨勢持續，已有較大升幅或上漲較長時間。

● 第一根較大陽線出現在股價上漲的高位區域。

● 第二根 K 線的收盤價所處的位置深入一根較大陽線的實體中。

● 第二根陰線的開盤價越高，則出現拐點的機率越高。

● 第一根陽線和第二根陰線的實體越大，則市場趨勢產生拐點的訊號越強烈。

圖 5-26　烏雲蓋頂

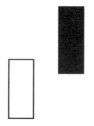

如圖 5-27 中 A 點所示，在一根大陽線出現的次日，該股股價開高走低並最終報收一根中大陰線，收盤價和最低價深入前一根陽線實體之中。這種 K 線組合所表現的是一種反轉形態，對於多方具有致命的打擊。

烏雲蓋頂這種 K 線組合多出現在重要的高點區域，具有極大的殺傷力。一般來說，如果投資人在多數情況下，見到這種 K 線組合後及時出場，往往就能夠迴避一段較大幅度的下跌。

在圖 5-27 中，烏雲蓋頂出現後股價下跌，但很快又出現一個橫向盤整。這是一種典型的誘多走勢，也是主力資金套殺散戶的一種常見手法。

圖 5-27　烏雲蓋頂案例

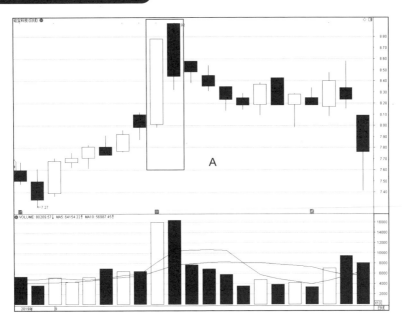

5-4
辨別 K 線形態的頂 & 底，精準抓住進出場時機

底部買入形態

1. 尖底

尖底是指股價以極為陡峭的角度快速下跌，達到某一低點時，隨著恐慌盤的大量湧出，空方的力量得到了較大程度的釋放，同時個股估值的優勢得以顯現，從而吸引多方入場搶籌，於是股價轉而快速上漲。因為股價的快速下跌和快速上升，其形態很像英文字母 V，故也稱 V 形底，如圖 5-28 所示。

尖底的理論升幅，即從下跌起點（尖底的頸線位）到尖底最低點之間的距離，也就是尖底突破頸線位後，未來可能會達到的上漲幅度。

圖 5-28　尖底

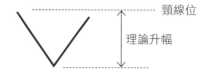

如圖 5-29 所示，該股出現一波快速下跌、成交量極度萎縮的狀況。在出現一根大陰線之後，股價迅速轉入升勢，並在突破頸線位後，迎來了一波上漲行情。尖底是股價的一次快速探底過程，時間大多極為短促，中間幾乎沒有盤整過程。但當股價突破頸線位時，有些股價會出現反覆確認的過程。

圖 5-29　尖底案例

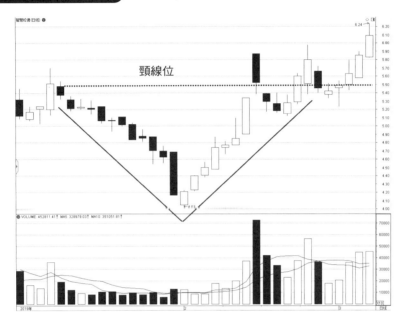

頸線位

　　投資人買入尖底形態的股票，意味著高收益和高風險共存。因為尖底形成的時間極為短暫，需要有相應的看盤技術，並能夠及時做出決斷。

2. 雙底

　　如圖 5-30 所示，雙底也稱為 W 底，是指在下降趨勢中，股價跌到某一低點後開始反彈。反彈到相對高位時，股價遭到空頭打壓而下跌，股價在前低點附近止跌，隨後股價再度開始反彈。在反彈過程中，如果上漲突破最近高點水平線位置（即頸線位），並得到支撐、確認突破有效，則雙底成立（有些個股的股價突破後沒有回測）。

　　雙底的理論升幅，即從下跌的低點到最近高點（尖底的頸線位）之間的距離，也就是雙底突破頸線位後，未來可能會達到的上漲幅度。

　　雙底是傳統理論中經典的見底訊號。在雙底形成過程中，成交量一般不會有較明顯的變化，通常表現為在上漲時溫和放量，下跌時稍有萎縮。

圖 5-30　雙底

如圖 5-31 所示，股價在經過大幅下跌創出低點後反彈，在反彈途中隨即遭到空頭打壓後再次下跌。但是空頭經過前期較長時間的下跌，做空力量基本消耗殆盡，下跌已是強弩之末，而這時積蓄已久的多頭力量終於爆發。股價第二次探底回升並突破最近高點（頸線位）後，隨著成交量的進一步放大，一輪上漲行情已勢不可當。

實戰中，雙底的兩個低點都在相近的價位上。一般來說，右側低點（第二底）高於左側低點（第一底），較能顯示多方占優勢的情況。投資人可以

圖 5-31　雙底案例

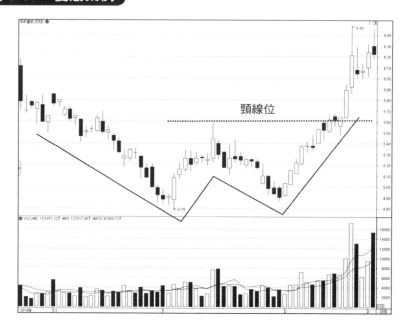

嘗試建倉，第二次較為理想的買點，應是股價在頸線位附近盤整並得到支撐之後。

3. 頭肩底

頭肩底是指在下跌趨勢中股價下跌至某一價位時，受到買入資金的支撐，從而迎來了一次超跌反彈，這裡將形成頭肩底形態中的「左肩」。

隨著反彈的結束，股價再次大跌，跌破前期低點並創出下跌以來的新低，隨著股價刷新低點，賣盤得到了很大程度的釋放，同時股價的估值優勢得以漸漸顯現，於是反彈應運而生。

當股價回升到左肩的反彈高點附近時，還處於恐慌中的持股者紛紛逢高出逃，股價出現第三次回落，很多持倉者認為股價仍將創出新低，於是不計成本開始賣出。當股價跌至左肩低點附近時，一波強勁的反彈突然爆發，於是形成了頭肩底形態中的「右肩」。

當此波上漲突破了左肩和右肩高點之間的頸線位時，整個頭肩底形態由此確立。頭肩底形態一旦確立，其理論上的升幅，就是最低點至頸線位之間的距離，如圖 5-32 所示。

圖 5-32　頭肩底

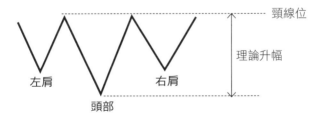

如圖 5-33 所示，該股出現了三次探底，形成了頭肩底形態，之後股價進入上漲趨勢中。

頭肩底形態是對信心不足的持股者嚴酷的考驗。不少投資人在股價長期下跌過程中一直持倉，但是就在股票構築頭肩底形態的過程中，被股價的再

三下跌所迷惑，認為股價還將面臨另一個大幅下跌的過程，於是在大升勢即將到來前賣出廉價籌碼。

頭肩底頸線位的突破必須有相應成交量的配合，否則可能是假的突破，但如果在突破後成交量逐漸放大亦可。

對於技術能力較強的投資人來說，當右肩低點上股價受到支撐，且成交量明顯區別於前期下跌階段時，也是一個較佳的買點。頭肩底形態確定後，對於穩健型投資人來說是一個買入訊號。雖然股價和最低點相比已有一定的升幅，但相對整個反轉形態確立後的上升趨勢來說，這裡只是一個開端。

圖 5-33　頭肩底案例

頂部賣出形態

1. 尖頂

尖頂是指股價已極為陡峭的角度樣上快速漲升，當價格到達某一個高點時，又突然以同樣陡峭的角度向下快速跌落。

因股價的快速上升和快速下降，其形態很像倒置的英文字母 V，故也稱為倒 V 形頂。如圖 5-34 所示，尖頂成立後的理論跌幅，為尖頂起漲點（頸線位）到股價最高點之間的距離。

圖 5-34　尖頂

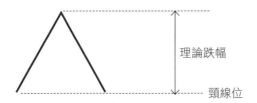

尖頂是股價從暴漲到暴跌的過程，行情轉換時間極為短促，投資人對尖頂應當保持足夠的警覺心。因為尖頂形態轉化時間極為迅猛，所以存在很大的交易風險，投資人不可輕易搶這類股票的反彈。

如圖 5-35 所示，股價迅速上升，在高點的位置上並未過多停留，便迅速轉入下跌階段，整個下跌過程不但極為迅疾且下跌幅度也很驚人。

尖頂在實戰中非常常見，尤其是反彈行情中也常以此種形態結束反彈。投資人可以觀察，在股價快速反彈一段時間後，一旦股價出現放量滯漲或者量價背離，就應及時出場。

圖 5-35　尖頂案例

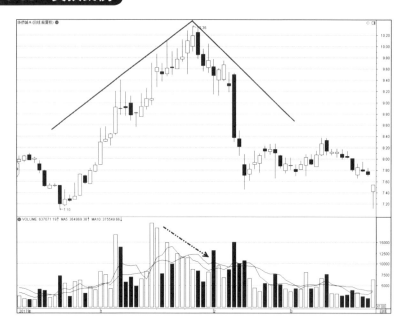

2. 雙頂

雙頂是指股價上升達到某一高點後出現回落，當回落到相對低位時，股價得到支撐再度開始上漲。但這次股價上升到前一高點附近時，多方難以抵抗空方的打壓，並且隨著成交量快速萎縮，多方漸漸無力維繫股價，於是股價開始了又一輪回落。

在回落的過程中，股價如果跌破前低點水平線（即頸線位），經反彈無望收復頸線位，則雙頂成立。而實戰中有些個股跌破頸線位後沒有反彈。如圖 5-36 所示，雙頂的理論跌幅一般是最近低點到最近高點之間的距離。

雙頂是較為常見的賣出形態，形成之後，對多頭的殺傷力道和其形成的時間跨度有較大的影響：短期（5~10 天）的「M 頭」形成後，多數中短期股票價格下跌；較長期間形成的雙頂，則往往代表著趨勢的逆轉。

如圖 5-37 所示，在該股所構築的雙頂形態中，左側高點的總成交量明顯大於右側高點的總成交量。多頭聚集力量創出新高後卻未能固守高點，在

圖 5-36　雙頂

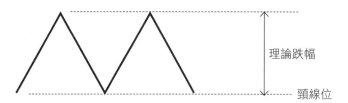

理論跌幅

頸線位

圖 5-37　雙頂案例

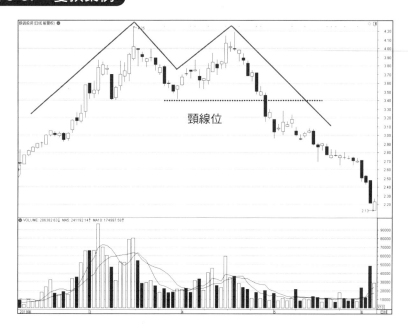

頸線位

股價回落後，多頭再度發力衝擊新高。在股價第二次上漲過程中，右側高點的成交量已明顯比左側少很多，顯示出多頭狀態疲乏、攻擊力不足，預示著下跌即將到來。

在雙頂形態中，第二個高點是否創出新高，並無太多的技術含義。一般來說，在左側頂部構築過程中，主力已經基本上完成較大部分的出貨任務，右側的頂部代表主力最後的勝利大逃亡，所以很少會有足夠的動力去刷新股

價高點，如圖 5-37 所示。

部分主力為了更完美地完成出貨任務，有時也會在右側高點上刷出價格新高，吸引較多的短線跟風追漲資金。主力在其中借機出貨，不但能夠使其獲利幅度得到一定的提升，也能夠從容地賣掉多餘的倉位。

如果投資人發覺股價在第二次上升時，成交量難以達到第一次上升時的水準，就要警覺到可能形成雙頂，一旦股價出現長上影線等情況，就應及時減倉。當股價回落跌破雙頂的頸線位時，應是投資人第二賣點。

3. 頭肩頂

股價在一輪快速上漲過後轉入回落整理，整個上漲和回落過程中成交量巨大，這裡形成圖形的左肩，如圖 5-38 所示。

隨著股價止跌、回檔結束，股價又出現一波創出新高的上漲，之後股價再度發生回落，並跌至本次上漲起點附近，這裡形成圖形的頭部。

回檔完畢後股價開始第三次上漲，但這時交易量明顯低於前面左肩與頭部的成交量。當股價上漲到和左肩相仿的高度時，再一次開始下跌，這裡形成圖形的右肩。股價的這次下跌，如果跌破最近兩次的回檔低點（即頸線位），則頭肩頂成立。

圖 5-38　頭肩頂

頭肩頂形成後的理論跌幅，為頭部最高點到兩次回檔低點之間的距離。實戰中，頭肩頂構築的時間越長，一旦破位下跌，則殺傷力越大。

在個股構築頭肩頂的過程中，其成交量的分佈往往具有一些鮮明的特點。投資人可以根據量能的特殊表現進行分析，以便儘早發現頂部形態，及

時減掉倉位、迴避風險。一般情況下，頭肩頂左肩的成交量最大，也最為集中，而股價至頭部階段時成交量相對減少，最後右肩形成時成交量又少於頭部。圖 5-39 展示了該股在構築頭肩頂的過程中，成交量的分佈情況。

　　經由分析量能分佈，能讓投資人在極佳的價位上賣出，但如果投資人未能在構築過程中及時減倉，那麼當股價跌破頸線位時，將會是另一個賣點。

　　實戰中，股價跌破頸線位後，有些股價會出現反彈頸線位的動作，這是多方不甘於束手就擒的反擊，也是主力利用投資人搶反彈的心理製造多頭陷阱，誘使投資人入場的手段，如圖 5-39 所示。

　　當股價跌破頸線位時，投資人應保持足夠的警覺，在市場前景不明朗的情況下，寧願相信頭肩頂形態可能帶來巨大風險，也不要自作聰明地認為，這是主力為了洗盤而刻意製造的疑兵之計。

圖 5-39　頭肩頂案例

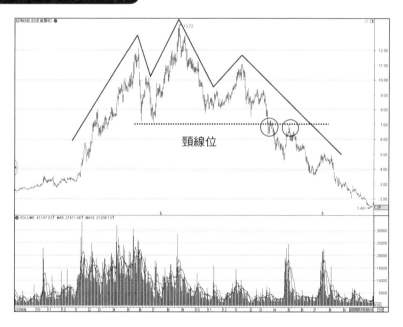

1 分鐘重點複習

5-1 K線是股票看盤最重要的內容之一。

5-2 一根 K 線，有時可能會預示大勢的轉變。

5-3 K 線組合的穩定性優於單根 K 線，靈敏性優於 K 線形態。

5-4 將 K 線形態和趨勢分析相結合，在實戰應用中效果更佳。

Chapter 6

我用量價分析4關鍵，
跟上主力「不被甩轎」

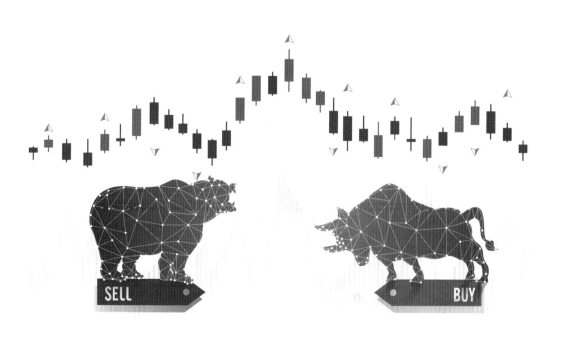

6-1
投資人必懂──
成交量與換手率的關係

成交量概論

成交量是指市場買賣雙方在某個單位時間內交易股票的數量。成交量的計算單位為「股」和「張」，1 張等於 1000 股。

對於投資人來說，分析成交量的目的是辨別買賣（多空）雙方於不同階段的主動性買入量、主動性賣出量，並結合股價運行趨勢進行研判，從而判斷出行情未來運行趨勢和主力的多空傾向。

成交量的放大與縮小並不能決定價格的漲與跌，但有關鍵性的催化作用。投資人對於這一點必須有一個明確的認知，這也是正確認識和分析成交量的技術基礎。技術分析中，我們主要經由 K 線圖、分時圖，以及成交金額、量比、換手率等來觀測成交量的變化。

1. 成交量柱狀圖

在最為常用的 K 線圖、分時圖上，通常以成交量柱狀圖來表示成交量及其變化的情況。

在 K 線圖的下方，一般均量線設置為成交量柱狀圖。在柱狀圖中，還有一個顯示不同時間段量能變化情況的指標，即「均量線」。如圖 6-1 所示，在量柱間上下波動的曲線，就是均量線。

均量線是指在一定時期內市場的平均成交量，在成交量柱狀圖中形成的曲線。均量線參數可以設為 5 日、10 日等，其中 5 日均量線代表短期量能

圖 6-1　成交量柱狀圖

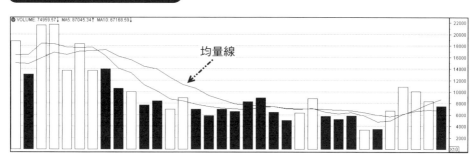

均量線

態勢，10 日均量線則代表中長期量能態勢。

　　一般來說，均量線連續走高，顯示市場資金不斷回歸的過程。當升勢進入狂熱階段時，均量線已走平或回落，與升勢形成背離，說明入場資金已經處於頂端並開始逃逸，投資人需要提防價格高點的出現。

　　均量線持續下跌，顯示市場資金不斷逃逸的過程。當跌勢進入末期階段時，均量線已走平或回升，與價格跌勢形成背離，說明資金已經開始回歸，此時不應跟風殺跌，而應尋機買入。

　　分時圖中同樣以成交量柱狀圖的形式，來顯示成交量變化的情況。不過分時圖中的成交量柱相對較細，更像一條線，所以通常也稱之為成交量柱線圖，相關內容請參見第三章分時圖看盤技巧圖例。

2. 成交金額

　　成交金額是指在某個交易時間段內所發生的交易總金額。在談及大盤指數的成交時，我們習慣說成交金額，比如，某天滬市或深市成交多少億元；而說到個股時，我們習慣說成交量，或者換手率等，比如，某股日成交量是多少手或多少股，抑或是當日換手的百分比是多少。

　　實戰中，成交金額的分析方法和成交量很相似，而成交金額在資金流動分析上，能直接反映出某一時間段內，市場有多少資金在流進或流出。

　　另外，在個股的盤面數據中，還有和成交量相關的量比、總量、現量等數據。對於這些數據的詳細講解，請參見後面的章節。

換手率

換手率是指在一定時間內股票轉手買賣的頻率，是反映股票流通性強弱的指標之一。其計算公式如下：

$$換手率 = 成交量 \div 流通股數 \times 100\%$$

換手率是成交量分析中最為核心的一種分析形式。相對於成交量來說，換手率在個股活躍度、強弱度的研判上，具有明顯的優勢。

我們可以經由柱狀圖簡單、清楚地分析一段時期的成交量變化，但是量柱的高低起伏，對於不同股本的股票來說，並不能真正反映出真實的流動性，而換手率卻可以彌補這種缺憾。

換手率直接反映個股當前的成交量占其全部流通股本的比例，從而揭示出該股的活躍度，和是否受到資金的青睞與關注。

股票的換手率高一般意味著股票流通性好、交投活躍、投資人購買的意願強烈，說明其屬於熱門股；反之，股票的換手率低，則表示該檔股票無人問津，屬於冷門股。我們可以將換手率分析看成是成交量的細節分析和個性化分析，不同股本個股的換手率所蘊含的技術意義有較大的區別。

實戰中，投資人所關注的應該是換手率過高和過低兩種極端表現。但投資人必須知道，所謂換手率過高和過低只是一個相對的概念，不要拘泥於其數值。投資人在分析換手率時，必須考慮目標個股的股本情況。

比如，如圖 6-2 所示，中國石油某日換手率達到 0.19%。這個換手率已經是幾年以來最高的，並觸發股價出現短期高點。而股本較小的股票，即使換手率超過 1%，可能也僅屬於歷史較低換手率的範疇。

綜上所述，投資人分析個股換手率是高是低，應該就該股的股本和歷史數據進行分析，而不能僅限於某一個具體數值本身。

實戰中，個股換手率過低或過高，可能會成為個股趨勢轉換的訊號。短線投資人多以換手率高的個股為交易對象，也就是交易活躍、變現性能優越的個股，它們才有可能出現幅度較大的差價。但必須注意，當個股換手率達到其歷史高值區域時，股價可能發生折返，投資人要有所防備。

圖 6-2　　換手率

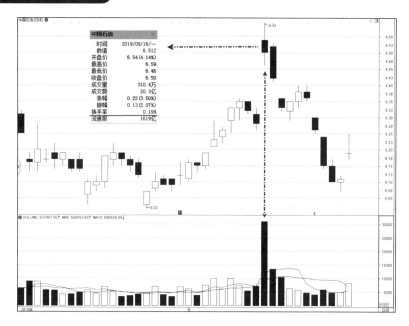

　　如圖 6-3 的 A 點所示，該股當日換手率達到 23.80%，這個數值達到該股歷史最高值。雖然股價沒有由此見頂，但漲勢並未能持續太長時間，股價便於 B 點發生趨勢性轉折。

　　當個股換手率接近或超過歷史最高值時，如果之後換手率逐步降低，股價漲勢遲緩，那麼投資人需要警惕股價發生趨勢轉折。

　　過低的換手率一般出現在下跌趨勢、盤整震盪的個股中，或者主力控盤的個股上。所謂換手率過低，是就個股歷史數值而言的，並非具體的某個數值。投資人在分析換手率時，需要注意這一點。

　　多數低換手率的個股並不適合短線投資人進行交易，比較適合中長線投資人在個股處於價值投資時，尋找介入點。

圖 6-3　換手率與股價轉折

實戰中的量能辨析

　　不少投資人希望個股「放量上漲」，但往往會發現放量上漲的個股大多漲不了太多，甚至有些個股不放量還好，一旦放量很快就會轉漲為跌。追漲者往往會被套在放量最猛的股價高點，原因何在？

　　大成交量就好像是交易中的一劑猛藥，但凡主力需要這劑猛藥，說明其控盤程度並不理想，或者主力正在減倉、出貨。主力控盤的個股，大部分時間成交量表現得都很「低迷」，但成交量低迷的個股並不都是由主力控盤。

　　第一種成交量低迷的個股是指缺少大資金關注，也就是通常所說的沒有主力資金介入的個股。個股無主力關照，多半是由於上市公司存在某些問題，使其股價隨波逐流。

　　第二種成交量低迷的個股是大型股，這種個股成交量低迷其實是一種假象，是相對大股本而言。換手率大多數時候不會太高，這也是大型股的一種

常態，大概沒有資金想要去控盤一家流通股本超百億的個股。

　　主力高度控盤的個股，K 線圖上有明顯的特徵：股價形成上漲趨勢，密集成交區的最大放量點，換手率往往也只有個位數，一般不會超過5%。對於這種個股，選擇震盪低點介入後，最好堅定持有，不要試圖高點賣、低點買。和主力鬥心眼的結果，多半是把你震出場。

　　實戰中，我們遇到的大部分個股，其成交量多呈大起大落之勢，說明主力控盤程度並不理想，或者為遊資集中炒作的個股。

　　這些個股之所以會出現大成交量，原因大致如下。

　　(1) 主力資金實力一般，只能以對倒的手法拉升股價。邊拉邊打，不斷經由上漲或下跌的股價在折返中降低成本，這種類型的個股，其典型的走勢就是折返非常頻繁，投資人坐電梯是常事。

　　(2) 主力控盤程度不足。大成交量出現後，多數股價會開始回落整理，通常回落幅度會比較大，才能滿足主力逐步增加控盤程度的目的。

　　(3) 資金對賭，也就是遊資間傳遞炒作，一旦遊資被套，那麼隨著成交量的快速萎縮，股價必然暴跌。

　　當我們在實戰中遇到這些個股時，可以使用初步的篩選方法，這個方法對於八成以上的個股都有借鑑意義，對於短線交易者有重要的參考作用。

　　個股換手率如果超過 10%，就要有所警覺了。部分前期成交低迷的個股相當於短線減倉的訊號。如果換手率超過 15%，投資人需要高度警覺。半數以上個股如果達到這個換手率，即使不立即連續大跌，至少也會開始大幅震盪。換手率一旦超過 20%，投資人就要隨時準備賣出。

　　如果上述某個級別的換手率處於該股歷史最高值區域，那麼股價基本上會在當日或接下來的幾日見高回落。

6-2

只要放量上漲，就可以追漲嗎？

　　成交量與股價之間有一個助漲原則，即股價上漲，成交量逐步放大，是確認升勢繼續的訊號。但是，這個原則具有一定的適用性，並不是只要出現成交放量，股價就會上漲。

　　助漲原則的適用條件為：成交量逐步放大，股價穩定上升。如圖 6-4 所示，股價整體保持上升趨勢，成交量也在同步放大，這種情況說明股價上漲

圖 6-4　成交量逐步放大，股價穩定上升

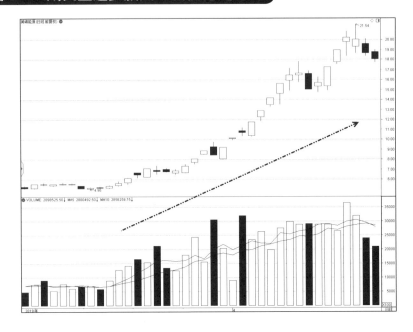

正處於穩步運行中。這種漲勢不會在短時間內就宣告結束，投資人可穩定持有倉位，除非出現量能與股價的突變。

　　助漲原則不適用於個股的突發性放量。突發性放量的主要特徵，就是這個放量過程很短暫，往往只有幾個交易日，隨後成交量迅速恢復到縮量的狀態，而股價轉為下跌或盤整。

　　正如鱷魚在突然攻擊獵物得手後，迅速沉入水底，水面上恢復平靜，似乎什麼也沒發生過，這個比喻用來形容突發性放量的市場含義非常貼切。在股價風平浪靜之際，驟然間股價攜巨量暴升，隨後量能迅速消亡，股價重回原地或繼續下跌。這是一些主力為引起市場關注、吸引跟風盤以借機減倉的常用手段。

　　圖 6-5 所示的是該股在下跌過程中，出現的突發性放量的情形。該股的突發性放量所顯示出來的就是主力匆忙出逃的身影。

　　突發性放量具備一定的誤導性，投資人往往會將這種突發性的放量上

圖 6-5　突發性放量

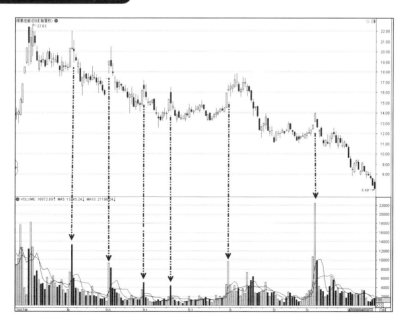

漲，誤認為是一波行情的開始，而匆忙加入追漲的隊伍中去。主力想要的就是這種效果，當一批蜂擁而來的跟風追漲者全力買進時，主力則借機減倉。

　　突發性放量在上漲趨勢運行中出現，可能會由此形成中期整理的高點；而在長期大幅上漲後出現，則會就此構築股價頂部。

　　上漲趨勢的中期整理結束後，當股價繼續上漲時，成交量仍會再度放大，這個放大的成交量高於或低於中期整理頭部的量能，是一種正常現象，但增加的量能需要具有一定的持續性。

　　長期大幅上漲過後，成交量在最近一段時間內忽然開始大幅增加，同時價格波動巨大。這時增加的成交量不一定就是上漲趨勢形成以來最大的量能，但仍是一個高危成交量訊號。當這種情況出現時，投資人應警惕市場可能就此構築價格頂部。

6-3

只要放量下跌，就必須賣出嗎？

　　當股價由漲轉跌時，轉捩點上成交量會有放大的現象。但隨著股價的進一步下跌，成交量會呈現逐步萎縮消散的態勢，這是市場資金對於後市的看法，從巨大分歧到逐漸統一的過程。

　　分歧是因為股價剛剛轉跌時，對於後市仍有資金看多做多，所以對於此時的放量下跌。雖然應當賣出，但能做到賣出的投資人並不多，很多持倉者也由此失去了在第一時間減倉離場的時機。

　　當股價下跌形成趨勢，做多資金虧損嚴重，一部分投資人揮淚斬馬謖，另一部分投資人不忍離場，只能原地臥倒，保持靜默。這就是下跌過程中，成交量逐步減少的原因。

　　在跌勢維持一段時間後，雖然股價仍在下滑甚至加速下滑，但成交量開始增加，此時出現放量下跌，投資人絕不可跟風賣出。大幅下跌後的成交增量，說明這個價位有資金開始進場，有望發生反彈行情。

　　如圖 6-6 所示，A 點的放量下跌是產生分歧之處，而到了 B 點，則是持倉者認可跌勢將繼續，並進行恐慌性賣出的時點。

　　多數的放量下跌並不可怕，因為常規行情下放量下跌難以持久，通常反彈就在不遠處，可怕的是讓人難以搞清現狀的綿綿不絕的下跌。

圖 6-6　放量下跌

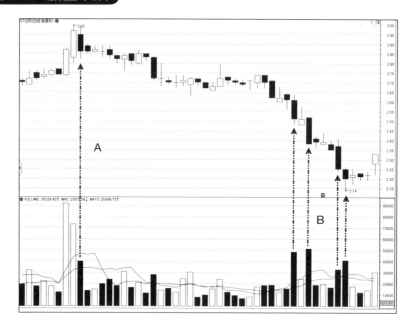

6-4

縮量上漲，不可持續嗎？

縮量上漲是一種相對的說法，即此前必有放量的過程。但縮量不見得就是非常低的成交量或換手率，這個要因股而異。我們在前文談到的控盤主力股，在大多數交易時間裡，就是採用縮量上漲這種形式。

如圖 6-7 所示，該股在 A 點有一個放量上漲的過程，而在 B 點股價調

圖 6-7　縮量上漲

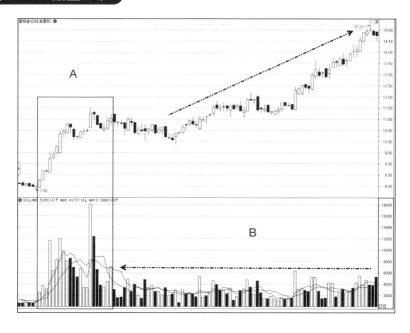

整後繼續上漲的過程中，成交量並未超過 A 點，這就是縮量上漲，股價上漲的持續性相當好。

這個縮量上漲的案例，為我們清晰地勾勒出了主力完成建倉和鎖定籌碼的最後區域。A 點之後成交縮量，但股價上漲趨勢非常穩健，這就說明該股大部分流通籌碼已被鎖定。結合 A 點的放量分析，投資人就可以大致推斷出，主力初步建倉成本大致就在 A 點區域。但需要注意一點，隨著後市股價的震盪，主力的持倉成本會進一步降低。

實戰中，不是控盤主力股的個股也會出現縮量上漲的情況，但是這種縮量上漲，大多難以持續。一些無主力的冷門股或主力意在減倉的個股，就會借用縮量上漲來誘多。

如圖 6-8 所示，A 點股價反彈，成交量不但沒有形成逐步放量，反而比之前下跌的量能少。之後出現單日突然放量的情況，但股價在接近前一高點時便畏縮不前，這就是利用縮量上漲和單日放量上漲來進行誘多的案例。對於類似案例中的縮量上漲，投資人最好保持觀望。

圖 6-8　縮量上漲與誘多

6-5

縮量下跌，可以搶反彈嗎？

當個股處於縮量下跌時，投資人通常會認為：成交量這麼小，主力也出不了多少貨，這裡應該是故意誘空。

這種猜測完全低估了主力操作的複雜性。出貨艱難的主力會不惜碾壓利潤空間、打壓股價下跌，當股價跌到足以吸引市場資金買入時，才會借機完成出貨。

因為成交量較小，個股縮量下跌很容易被人忽視。但是，縮量下跌所蘊含的最基本技術含義，卻是市場各方對當前的下跌沒有較大的分歧。

如果市場各方對當前的下跌有較大的分歧，就不太可能出現縮量。只有相對統一的觀點，才會導致持續的縮量下跌，隨之而來的是股價底部遙遙無期。當成交量出現異動，意味著當前股價運行趨勢出現了分歧，有分歧，才會有股價的變化。

如圖 6-9 所示，該股在下跌過程中，成交量一直處於縮量態勢，股價則進入綿綿無期的下跌之中。

圖 6-9　縮量下跌

6-6

9 大經典量價關係與實戰分析

量增價平

　　量增價平是指成交量明顯增加，但股價卻處於波動中，不能保持明顯的漲升幅度。在長期或大幅上漲之後的股價高位，如果個股成交量突然出現激增，但價格卻未能同步大幅上漲，或僅僅微幅上漲，上漲後即轉折下跌，那麼說明主力資金正借機減倉，而這時市場買入者多數為中小投資人。市場買賣雙方資金的平衡被打破，行情隨時可能發生回檔或反轉下跌。

　　圖 6-10 中所標示的兩根 K 線都放出巨量，但是股價漲升力道並不能與之匹配，顯示出資金逃逸的性質。

　　如果量增價平出現在一段升勢後，則說明多方的持續上漲遭到了空方反撲，可能會形成相互對峙的盤整局面。在技術形態未遭破壞的情況下，盤整過後市場還會繼續升勢。

　　跌勢中出現的量增價平，多數情況下都是主力的騙線，即便隨後出現上漲也只是曇花一現。但是，長期或大幅下跌後出現量增價平，說明有資金悄然在底部區域收集籌碼，但是這部分資金並不想過早被市場覺察自己在吸籌，同時也想盡可能地收集低價籌碼，所以股價波動很小。

圖 6-10 量增價平

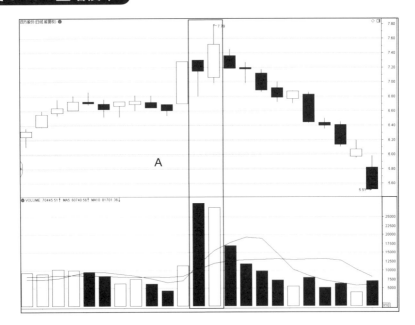

量增價跌

量增價跌是指成交量明顯增加，而股價處於下跌態勢。

如果在股價長期或大幅上漲的高位出現量增價跌，必然是有資金大幅減倉，投資人應出場觀望。如圖 6-11 所示，該股連續上漲，於 A 點衝高回落收長上影陰線，當日成交量遠大於之前數日，資金借機出逃的跡象非常明顯。

跌勢中出現的量增價跌，一種可能是這個價位對市場資金具有一定的吸引力，有望形成階段性低點；另一種可能是主力資金的誘多陷阱，弱彈後仍會繼續跌勢，但多數股票不適合非專業投資人參與交易。

在長期或大幅下跌後出現量增價跌，多是主力資金借助恐慌氛圍趁機吸籌的結果，投資人應保持觀望的態度。若股價跌幅已經很大，投資人更不可從眾殺跌，而是要耐心地靜待趨勢的變化。

圖 6-11　量增價跌

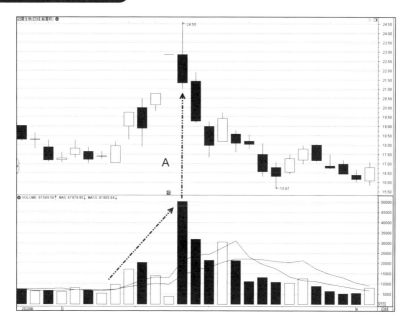

量增價漲

　　量增價漲是指成交量出現明顯增加，股價也相應保持著一定的漲升幅度，這是量價配合良好的一種關係和形態，往往預示著後市看好。但也需要投資人鑑別其中量與價的配合程度，以及形態所處的行情階段。

　　股價長期或連續上漲後，當量與價同步出現激增、暴漲時，表示行情進入最為火爆的階段。但投資人必須知道，這種極端強勢的量價狀態不可能長時間存在，行情隨時可能發生回檔或反轉下跌。

　　跌勢中的量增價漲一般出現在反彈過程中，只要成交量不是過度放大，未出現天量等巨額換手率，投資人仍舊可以繼續持倉。但是當量增價漲出現極端強勢或量與價不匹配時，可能意味著反彈的終結。

　　股價長期或連續下跌後，如果持續性出現量增價漲的態勢，投資人應該審視大趨勢轉化的特徵是否已經出現，不能僅憑單個交易日的表現，而要觀

察其之前和之後的運行情況，以及 K 線上是否具有合理的邏輯關係。

如圖 6-12 所示，股價經過長期大幅下跌後，於 A 點啟動上漲，出現量增價漲形態，之後股價開始震盪盤整，整理的低點遠高於起漲的低點，說明進倉資金絕非短線操作，而是意在長遠。B 點股價再啟升勢，量增價漲形態再次出現，也顯示出了進倉資金再次拉升吸籌的形態特徵。

圖 6-12　量增價漲

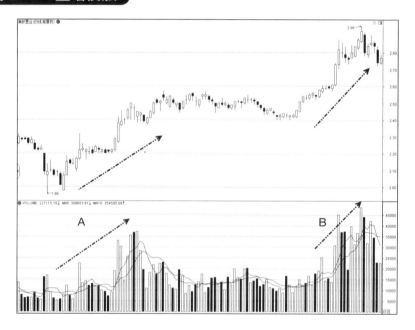

量縮價平

量縮價平是指成交量明顯縮減，股價處於盤整態勢中，出現在一段上漲後，往往是主力測試支撐和洗籌的表現。後市當這種量價關係形態出現量增價漲的改變時，股價應仍有漲升空間，如圖 6-13 中的股價整理階段。

如果量縮價平出現在個股長期大幅上漲之後，股價橫向整理而成交量逐步減少，投資人應將其視為頂部警戒訊號。如果某日突放巨量、拉長黑線，

那麼投資人應果斷出場，以迴避此後的暴跌。

如圖 6-13 所示，該股經過大幅上漲後，於股價高位連續出現量縮價平的形態，最終股價還是進入跌勢行情中。這種形態具有一定的欺騙性，讓持倉者覺得股價似乎正醞釀著另一波向上的漲勢，而持股待漲的投資人更不會選擇減倉操作。

圖 6-13　量縮價平

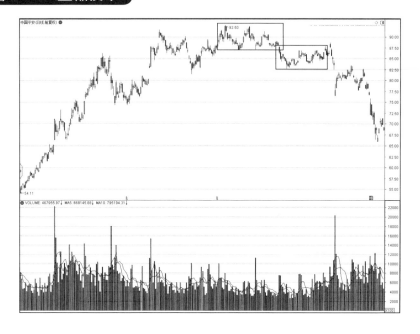

股價長期或連續下跌後出現量縮價平，多處於築底階段，而個股築底時間通常較為漫長，甚至一些個股還醞釀著最後一跌，以便徹底粉碎持倉者的信心，讓恐慌盤盡情出逃，投資人此時最忌追高買入。

當跌勢中出現量縮價平時，投資人不可輕易介入。在空方能量未完全消耗殆盡之前，量縮價平只是股價暫時的平靜期，說明當前股價對多方資金並沒有太大的吸引力，資金不願意在這個價位上大舉介入。一般來說，量縮價平維持一段時間後，股價再度下跌的可能性遠大於開始反彈。

量縮價跌

量縮價跌是指成交量明顯縮減,股價處於下跌態勢中。

在長期或大幅上漲後,個股出現量縮價跌,說明市場對目前價位的下跌並無太大的分歧,下跌的態勢將會繼續維持。一般來說,在個股主力提前出逃後,當市場資金慣性買入促使個股上漲到高位時,缺乏後續資金維護,量縮價跌就是此時的一種表現形式,投資人理應減倉應對。

在下跌趨勢中,個股出現量縮價跌,是一種常規態勢。這時,個股發生的折返走勢極為頻繁。對於投資人來說,短線交易極難把握,可靜候量價出現變化,再做出選擇。在長期或大幅下跌後,個股出現量縮價跌,尤其是以暴跌、急跌的方式展開,那麼往往意味著底部低點的臨近。

如圖 6-14 所示,該股在熊市末期出現的一波急速下跌中,成交量相比下跌之前出現較大的萎縮,之後不久股價就開始見底回升。

圖 6-14　量縮價跌

量縮價漲

　　量縮價漲是指成交量明顯縮減，而股價處於上漲態勢中，如圖 6-15 所示。在長期或大幅上漲後，個股出現量縮價漲，說明各方資金對股價逐漸產生謹慎之心，不願意積極跟進或全力做多，投資人此時應隨時準備撤離。

　　在漲勢中，如果個股出現量縮價漲，而同期大盤在下跌，則是主力護盤的反映。隨著整理結束，如果成交量出現明顯放大，那麼個股多會迅速轉入上漲階段。

　　在跌勢中出現量縮價漲，大多屬於反彈性質的上漲，在幅度和持續時間上難有理想的表現。這種量縮價漲所代表的就是一種下跌途中的短暫整理，投資人應採取迴避的態度。

　　長期或大幅下跌後，個股出現量縮價漲，原因大多是無資金關注個股，或者是個股正處於築底階段。在多數情況下，短期內都難以改變現狀，所以投資人可以追蹤目標個股，但不宜採取追高買入等較為激進的操作方式。

圖 6-15　量縮價漲

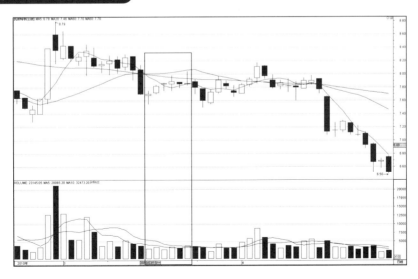

量平價平

　　量平價平是指相鄰幾日的量能很接近、無明顯縮放，同時開盤價和收盤價很接近，反映到 K 線圖上，則是實體相仿的 K 線形態。

　　股價在長期或大幅上漲後出現這個現象，意味著股價正在進行選擇，技術上是一種等待形態。一旦出現突發性放量上漲或暴跌，則可能發生趨勢轉折。量平價平的出現，說明之前的上漲耗掉了多方不少能量，股價再次持續大漲的可能性較小，極有可能就此展開橫向盤整或轉向回落。

　　當量平價平在跌勢中出現時，大多數只是股價在下跌途中的短暫盤整，之後還將繼續跌勢。

　　在股價大幅下跌之後出現量平價平，說明之前的下跌耗掉了空方不少能量，股價短期內繼續大跌的可能性較小，極有可能就此展開震盪盤整或反彈。股價經過反彈或盤整後，如未能確立升勢，那麼很可能將進入跌勢結束前的最後一跌中。

　　如圖 6-16 所示，該股經過長期大幅下跌後，A 點出現量平價平，經過小幅震盪盤整，股價進入恐慌性的最後一跌中，而一輪上漲行情也由此開啟。

量平價跌

　　量平價跌是指相鄰的量能很接近、無集中性放大或縮小，但股價卻發生了顯著下跌。股價漲勢中出現此形態，多為短線獲利盤賣出或恐慌性散單賣出，當之後量能逐步增加時，股價仍將恢復到上漲趨勢中。

　　在股價長期或大幅上升之後出現量平價跌，多為主力資金階段性減倉所致。投資人應注意控制風險。由於成交量並無明顯變化，而且下跌幅度不大，速度也較為緩慢，容易給人帶來主力正在震盪洗盤的錯覺。之後隨著主力倉位逐步減少，其出貨力道和速度會明顯加快，從而使股價下跌的幅度和速度大幅增加。

　　個股在跌勢中出現量平價跌，說明當前股價對大資金並無吸引力，可能只是中小資金在投機交易，股價見底遙遙無期。

圖 6-16　量平價平

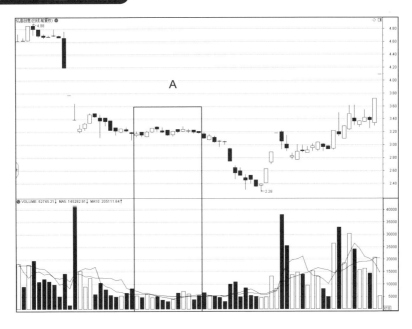

　　在股價長期或大幅下跌之後出現量平價跌，一是無主力資金關注的個股，對於這種個股投資人可予以迴避；二是主力處於潛伏緩慢吸籌階段，這種個股如果在之後加速暴跌，或是隨著成交量的增加改變了量平價跌的形態，就會引發不同幅度的反彈或反轉。

　　如圖 6-17 所示，該股在下跌過程中，成交量一直處於大致相同的水準，直至股價加速下跌，才迎來反彈行情。

圖 6-17 量平價跌

量平價漲

　　量平價漲是指雖然相鄰量能很接近、無集中性縮放，股價卻出現明顯上漲。主力控盤程度較高的個股多呈現此形態。升勢中大部分時間保持量平價漲，通常控盤個股後市都有可觀的漲幅。

　　如果股價在大幅或長期上漲後出現量平價漲，則說明股價上漲漸漸不被大資金認同，股價可能已經接近階段性高點。一旦成交量有進一步萎縮或者單日急劇放量的現象，往往意味著下跌的開始。

　　從供求關係上分析，當股價達到一定高度之後，願意繼續大筆買進的人會越來越少。雖然持倉者仍期望以更高的價位賣出，但是主力資金卻開始分批、逐步減倉。當賣出量逐步增加，而買入量不斷減少時，個股將結束量平價漲的局面，進入下跌週期。

　　如圖 6-18 所示，該股大幅上漲後，在盤整過程中，雖然 A 點股價明顯

上漲，但成交量不能持續配合放大，量能整體上維持大致相同的水準，之後股價結束反彈進入下跌階段。

　　跌勢中出現量平價漲，說明股價的上漲沒有得到資金的高度認同，量價之間產生背離，反彈行情可能很快就會結束。

　　在大幅或長期下跌後出現量平價漲，說明空方的下跌動能已所剩無幾，任何細微的利多傾向都可以讓股價出現止跌反彈。股價大跌後，所處區域既遠離套牢盤，又沒有太多的獲利盤，所以股價並不需要過大的成交量即可維持反彈走勢。

　　但這個階段的場外資金仍在觀望，跟進做多的力量不大，股價仍有反覆的可能，投資人即使介入，也應控制倉位。

圖 6-18　量平價漲

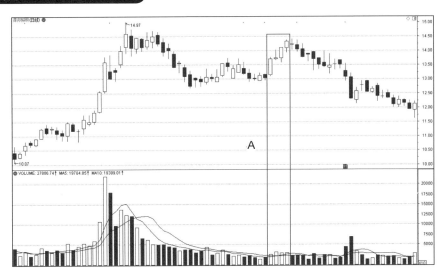

1 分鐘重點複習

6-1 成交量是表現股市人氣聚散的一面鏡子，也是引起價格變化的重要因素之一。在熊市中交易，必須關注成交量的變化情況，就像一個人穿衣服時，必須考慮季節及天氣一樣。

6-2 成交量穩定在某一數值附近時，大多數時候代表趨勢或趨向的延續，當成交量出現異於常態的明顯增減時，則預示著價格趨勢或趨向可能出現重要的變化。

6-3 對於短線玩家來說，放量下跌意味著短線機會即將出現。當恐慌盤集中殺跌時，正是短線交易的大好買點。

6-4 主力資金可以對倒增量，卻不能製造縮量。

6-5 當門庭冷清、無人光顧時，投資人也該歇歇了。

6-6 分析量價關係就是分析量價配合的合理性與必要性。當不合理、不必要的形態出現時，就表示其中必有問題。

Chapter 7

存好股，
你必須具備的「交易心態」

7-1

要能忍受孤獨

　　在與大眾潮流相逆而行的時候，需要極大的毅力。孤獨的前行者，不被眼前變幻的景象所迷惑。你如果想成為一個成功的投資人，那麼要先學會忍受孤獨，然後擁有一顆堅強的心。

　　成功的投資人必然是孤獨的，擺脫從眾的心理，才有可能迴避股市上狂虐「洪峰」的侵襲。當股票市場出現了劇烈波動而顯得變幻莫測時，投資人面對的是非常混亂、複雜的局面，堅持自己的獨立見解必將頗受煎熬。

　　當看到身邊其他人都在賣出時，「是否發生了我還不知道的事情」等諸如此類的疑惑，會不斷困擾投資人，使其產生被封閉、孤立而又無助的情緒。隨著股票價格繼續下降，這種情緒可能會徹底吞噬掉投資人的判斷力，於是大多數投資人都會選擇放棄自己的見解，轉而跟隨其他人一起行動。

　　股市中最令人遺憾的是剛剛賣出後，賣出的股票即出現暴漲。投資人受挫感和操作錯誤的悔恨交織在一起，其痛苦難以言表。圖7-1展示出了該股在上漲途中的一次回檔整理，放量的大陰線、中陰線造成了持股者的恐慌出逃，而股價卻在眾人的恐慌中轉跌回升、迅速走高。

　　如果投資人完全被大眾的觀點和行動束縛住了手腳，選擇「跟大家在一起才是安全的」行為方式，那麼就不可避免地掉入投資的心理陷阱中，難以獲得超常規收益，也難以規避隨之而來的虧損。

　　實戰中，在一些重要的頂部和底部區域，大眾投資人常常會形成較統一的看法，比如，大盤見頂常在市場一片濃厚的看多做多氛圍中形成，而大盤的底部往往是在市場普遍悲觀的氣氛中形成。

圖 7-1　恐慌性賣出

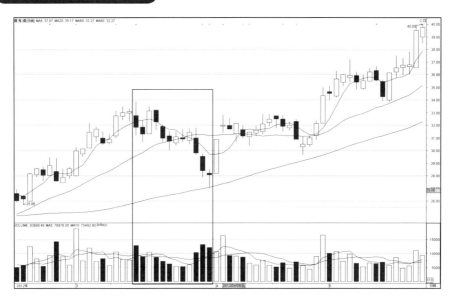

　　個股方面，當市場看好某個板塊的股票並形成共識時，該類股票即便出現短暫衝高，也會很快回落。這時應以逆勢思維進行操作，持有該股的投資人應在其上漲過程中賣出；不持有該類股票的投資人決不可跟風買進。統一思路、集體行動是交易中的禁忌。

7-2

要能勇於停損

　　虧損和獲利都是股票交易的組成部分，很多投資人不能正確面對股票交易帶來的虧損。一旦發生虧損，心理上極易陷入悲觀、失望、無助、自卑的沼澤，極易導致操作上的連續失誤，很多人因此產生巨虧。

　　當個股出現趨勢上的重大轉折時，投資人即使虧損也要勇於停損，不停損的代價將會非常昂貴。但是在實戰中，趨勢的重大轉折並不常見，最為常見的是股價的折返。當股價出現折返時，不能接受虧損的心理誤區，反而會讓投資人在虧損的沼澤中備受折磨。

　　如圖 7-2 所示，該股在上漲趨勢運行中反覆出現較大折返。交易心理不能保持穩定的投資人，如果在股價折返中踏錯節奏，那麼隨之而來的將是「兩記耳光」。一旦股價回落，投資人因為無法接受虧損而選擇賣出；之後隨著股價急速回升，投資人要麼不敢買入，要麼買在相對高點，不然就是在個股又一次回落時再次賣出。

　　無法接受虧損是交易中常見心理誤區，一些有經驗的投資人也普遍存在這個問題。部分自認為技術高超的投資人，一旦犯錯發生虧損，很難承認錯誤，因為承認虧損的事實，等於否定了千辛萬苦建立起來的交易系統，也就意味著一切都需要從頭開始。這也是很多股市老手出現重大失誤後，便一蹶不振的緣故。

　　股市上沒有常勝將軍，而股票市場又是一個風險巨大的地方。投資人的交易之道，應將勝敗視為兵家常事，更應將一時的虧損當作成本，畢竟未品嘗過虧損滋味的人，不會懂得獲利之道的珍貴。

圖 7-2　股價的頻繁折返

曾在美國的期貨比賽中獲得 9 屆冠軍的馬丁・舒華茲說：「我在一年的 200 多個交易日中，有 4/5 的交易時間小虧小盈，1/5 的交易時間大盈。」如果舒華茲不能接受一丁點虧損的話，肯定無法取得如此傲人的成績。

在虧損和錯誤中及時汲取經驗教訓，繼而不斷完善和更新自己的交易系統，是取得優良交易成績的關鍵因素。

7-3

不過於高估自己

　　總有那麼一部分的人，認為自己天賦異稟，自帶「財神光芒」。而這部分自認為聰明不凡的投資人，往往耐不住心癢和手癢，空倉的時間永遠不會超過一個交易日，哪怕手中持有的股票都在上漲，仍然不能抑制賣出然後換股買入的衝動。

　　在股票交易過程中，追求資金的快速增值本無可非議，但如果不能保持良好的操作心態，極易形成頻繁操作、頻繁虧損；追漲殺跌的結果是追上的不漲，殺掉的不跌。這種情況將極大地影響投資人的心理，使其陷入屢買屢虧的循環。以盲動性為出發點的頻繁操作，並不等同於短線交易。

　　如圖 7-3 所示，該股在下跌途中出現弱反彈，這種反彈形式很難有獲利的空間和機會。如果投資人不放過任何買入機會，必然會失去獲利的機會。

　　股票交易的盈虧和交易次數多寡，多少還是有關聯的。過於頻繁的交易所產生的大筆交易稅，會在不知不覺間侵蝕投資人的本金和利潤，很多人從來沒有認真統計過每年支出的交易稅究竟有多少。

　　一個頻繁操作的人，一年累積下來的交易稅也是一個不小的數字。同時，股票價格的變化受到多種因素的影響，判斷股價運行的趨勢變化，需要較深厚和扎實的看盤分析能力。坦白地說，大多數投資人並不適合頻繁地進行短線交易。

　　投資人在資金、資訊、技術等方面都處於弱勢的情況下，不妨把眼光放長遠一點，不要貪圖眼前的蠅頭小利，多學習一些投資大師的操作風格。

　　全球的投資大師，無論是巴菲特還是索羅斯，他們都有一個鮮明的特

圖 7-3　頻繁交易

點，用八個字來形容就是「靜如處子，動如脫兔」。大師們的交易從不盲
動，只有不盲動，才能發現和抓住股票市場上的機會，一擊而中。

7-4

要能克服極端心理

　　在股票市場上，受到極端情緒的影響，投資人總是在股價暴漲、遠高於公司實際價值時瘋狂追買；卻在股價暴跌、遠低於公司實際價值時恐慌性賣出。

　　「在別人沮喪地賣出時趁機買進，在別人瘋狂買進時趁機賣出，這需要極大的毅力，但收穫也頗豐。」這是逆向投資大師鄧普頓，對於逆向投資理論的經典總結，也是在告誡投資人，如何應對恐懼與貪婪這兩種極端情緒的困擾。

　　恐懼常會使投資人失常，甚至放棄本來正確和理性的判斷，最終被恐懼征服，加入任人宰殺的羊群中。

　　當股價發生暴跌時，人們的恐懼情緒會達到極點，曾經慘痛的虧損經歷和對行情前景的絕望揉合在一起，投資人往往會不由自主地選擇離場。恐懼心態源於投資人對股價趨勢沒有足夠的信心，以及對相關上市公司缺乏詳盡的瞭解，而這些都是投資人介入股票前必須先進行的準備工作。

　　克服恐懼心態的唯一途徑，是對自己的操作行為有理性的認識，對介入的股票有足夠的分析研究。即便行情一時出現「黑雲壓城城欲摧」的恐怖局勢，那些心中有數的投資人，也會有閒庭信步般的淡定。

　　投資大師鄧普頓說，在股市暴跌的時候，如果投資人沒有在股市瘋狂上漲階段賣掉股票，那麼在暴跌時跟隨人們一齊賣出，無疑不是一個最佳選擇。投資人這時應該做的是檢查自己的投資，並問自己一個問題：「如果現在沒擁有這些股票，我是否會在危機過後買進它們？」

如果答案是肯定的，你就應該丟掉恐懼的情緒，繼續持有你看好的股票。賣掉股票的唯一理由，是你發現了另外更有吸引力的股票。如果你沒有發現，那麼就繼續保留你手中的股票吧！

貪婪者，不肯見好就收。他們總想在最低點買進，在最高點賣出，因此錯過了一次又一次賣出或買進的良機；或者本來某檔股票已經獲利，卻因為想賺更多一點，而貽誤了交易時機，造成虧損。

如圖 7-4 所示，該股連續漲升後，A 點成交量接近該股歷史上的「天量」，最大日換手率是本次起漲之前的 10 倍。這種極度異常的成交量，反映出該股當時交易的狂熱，可以說，A 點就是主力為貪婪的追漲者所構築的陷阱。

圖 7-4　極端情緒

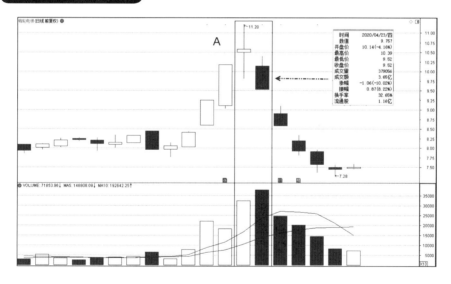

貪婪和恐懼總是如影隨形、相伴相生。當股市上漲時，貪婪者往往會對股市下跌產生恐懼；恐懼者經常會在黎明前的黑暗中，喪失信心而清倉出場，結果賣的往往是「地板價」。

如果你想獨享寶藏，那麼就要在別人恐慌賣出時，敢於買進；在別人貪

婪追買時，果斷賣出。這需要投資人具備極強的毅力和堅定的心理素質，如果你具備這兩點，就可以得到最大的報酬。

很多時候，人們自認為能夠做到這一切，但是當市場上幾乎每個人都在賣出股票，看起來更糟糕的市場情況還在後面，專家們集體沉默或悲觀地告訴你還有很大的下跌空間，這時你卻要買進！確實能做到嗎？

實戰中，當眾人追漲時，投資人可逐步地分批賣出，不要等市場下跌引起恐慌時加入賣出大軍；當眾人都想出場時，在恐慌性賣出下，具有投資價值的股票可能出現被大幅打折的價格，這時才是投資人該開始買入的時候。

7-5

必備的 10 個實戰交易訓練

　　對於投資人來說，只有在實戰中經過不斷地摸索、累積，以及感悟和昇華，才能塑造出良好、堅定的交易心理，使之成為思想和行為的堅實支柱。

　　投資人可以對自己的實戰案例檢討並改進。比如，在一些獲利的案例中，自己當時的心理歷程是怎樣的？把其中的關鍵因素提煉出來，並在之後繼續堅守和發揚光大。同樣地，對於一些虧損的案例，找出其中的關鍵因素，並在之後的交易中予以摒棄。

　　良好的交易心理還可以經由以下幾個方面培養和訓練。

選擇與自身性格相符的交易方式

　　投資人首先需要對自身有一個客觀、清醒的認識。不同性格的人，其行為方式有較大的差異性。反映在股票操作上，有的人喜歡短線交易，有的人喜歡長期持有，有的人喜歡冷門低價股，還有的人偏好追擊漲停板個股。

　　交易行為與投資人的個性密切相關。性格外向者在牛市中，比性格內向者更容易獲取暴利；但在熊市中的虧損，也比性格內向者要多得多。

　　就股票操作而言，性格外向者在行情不明朗或者處於熊市下跌時，應該減少操作頻率，學會空倉等待；在行情處於牛市上漲時，可以放手一搏。而對於性格內向者來說，則應學會在行情大趨勢走好之際，敢於大膽出擊。

　　在選擇股票方面，性格內向者應選擇有估值優勢、走勢穩健且可以長時間持有的股票；而性格外向者則不宜持有交易清淡、走勢平緩且處於整理階

段的股票。瞭解自己、發現和戰勝自己心理和行為上的弱點，是投資人走向成熟的第一步。

勤於反思

對於投資人而言，研究實戰中的每一次成功和失敗的交易案例，是一項能夠迅速提高自身操作技能的方法。例如，一次虧損的交易過後，投資人應回頭思考買入、賣出的理由，對比二者可以發現這次交易錯失的癥結所在。

不但失敗的案例需要檢討，成功的案例同樣需要回頭整理，如果投資人把每一次成功的交易都歸結於「運氣好」，那麼成功就會是不可複製的，因為連自己都搞不清楚為什麼能賺到錢。

投資人應該有一個記錄自己操作情況的日誌，主要用於記錄自己每一次交易時的想法、理由、股票的技術走勢、目標位、當時大盤的點位和市場氛圍，以及本次交易的總結和今後的注意事項等。如果你能長此以往地堅持下來，就會讓自己的失敗越來越少，成功越來越多。

多角度思考

置身股市，投資人面對的不但有身邊的中散戶，還有市場上翻雲覆雨的主力機構。在實際交易中，投資人在破解主力的迷局和動機時，不妨換位思考「如果我是主力，會怎麼做」，可能會有新的發現。

當然，換位思考不僅僅是針對市場上的主力而言的，當投資人面臨方方面面的操作窘境和誤區時，都可以進行換位思考。投資人以不同的角度和心態分析遇到的難題，可能更容易找到解決問題的方法。

學會放棄

在股市中最不容易的是承認失敗，最難學會的是放棄。交易之道猶如用兵之法，不懂放棄、不能承認失敗的人，很難取得永久的成功。

　　一些投資人在實戰中連續幾次交易成功獲利之後，便心生驕矜，認為自己已經掌握股票獲勝之天機，將無往而不利。

　　有這種心態的投資人其實是最危險的，在接下來的交易中即便發現決策錯誤，也很難及時承認、放棄錯誤的交易，往往等到出現巨虧時才幡然醒悟，卻為時已晚。

　　還有些投資人明知繼續持倉是錯誤的，卻很難放棄，總覺得熬過一段時間就會有解套、獲利的機會，以致持倉的股票一而再、再而三地急跌時，才驚慌失措地選擇低位賣出。

　　在股票市場上，勇於承認自己操作上的錯誤，並在錯誤造成重大損失之前能夠及時選擇放棄，是一種明智的選擇，也是投資人逐漸走向成熟的標誌。學會放棄，才能從放棄中懂得如何收穫；承認失敗，才能從失敗中總結如何成功。一個不願低頭的人，永遠看不到腳邊的陷阱。

去除浮躁

　　浮躁是交易之道的大敵。股市中人往往容易被市場上，追漲殺跌的浮躁投機氣氛所蠱惑，從而加入其中，最終卻陷入虧損的泥潭而難以自拔。失敗常在浮躁的氣氛中形成，如果不能去除浮躁，投資人的夜路將會極其漫長。

　　在股票操作上保持一份平常心，既有益身心，也對提升個人投資素養有所幫助。在股市中，尤其是喜好短線搏殺的人，常會感到眼睛發澀、身體疲憊不堪，大多是由於精神長時間處於高度緊張造成的。當大盤上漲時，如果投資人手中的股票未與大盤一起上漲，就會擔心是否另生變故；當大盤下跌時，投資人又為持倉過重而深感憂慮，可謂是漲亦憂心、跌亦愁。

　　枯燥而又緊張的交易行為、操作上的失誤，以及個人情緒本身的週期性低潮等，都可能使人脾氣暴躁、喜怒無常。投資人在身心疲憊的狀態下，智力和反應能力都會大打折扣，這時應該離場休息，以調適自己的心態。離開股市一段時間，讓自己的身心得到休養，對以後的操作是極有益處的。

不能偷懶

兵法云：「知己知彼，百戰百勝。」雖然投資人在股票交易中不可能百戰百勝，但如果能在交易前詳細暸解市場、個股的情況和資訊，獲利的機率將大大增加。

很多投資人等到了好機會，卻因為標的選擇不佳或操作有誤，沒能獲得理想的獲利。原因大多是經驗不足、臨戰膽怯，當機會來臨時反而心慌意亂，掌握不好節奏，既而錯失好局。投資人的心穩立足於信心，而信心則源於充分的準備工作。

投資大師吉姆·羅傑斯每逢遭遇投資失利，都會反覆尋找失利的原因，他發現很多時候都是因為沒有做好充分的準備工作，沒有更全面地暸解投資標的，是自己偷懶了！

沒有經過精心準備的交易，其實是賭博，交易的成敗與否就只能靠天意。而當投資人把自己的資金託付給老天時，就已經註定了失敗的結局。

少動手、勤思考

在股票市場上頻繁交易的人，未必能夠取得好的結果，而少動手、勤思考的投資人往往能成為股市的贏家。個中原因就在於投資人能否對其心態，做有效的調整和駕馭。

當投資人進入股票市場時，首先要做的並不是選股票、做交易，而是應該問問自己是否有能力控制恐懼和貪婪的情緒。擁有良好的交易心理，往往能使股票交易於平淡之中見神奇。

其次，問問自己是否確定了一個和能力相匹配的獲利期望值。一方面，超出自身能力、過高的獲利期望值會助長貪念；另一方面，交易失敗會使投資人跌入恐懼的深淵，而克服貪婪和恐懼的關鍵就在於事前理性、充分地去做分析、研究和計畫。

忍與等

在股票市場上能否成功，不僅與投資人所具備的專業知識、實戰經驗有關，而還受到個人的性格、修養的影響。忍耐就是投資人必須具備的一種能力，股市新手不能衝動地入市，應先學習相關知識，做到有備而戰；成熟的投資人應做到趨勢不明不動、不符合紀律準則不動、沒有準備不動。無論主力如何變化障眼法，即便投資人忍無可忍，也要再忍一忍，主力終究會露出馬腳。

只有冷靜且有耐心的投資人，才能發現和把握真正的獲利機會，不被頻繁交易的零亂思緒所困擾。有時候交易制勝的秘訣就是等待：等待機會的到來、等待趨勢的反轉、等待空頭勢窮力竭、等待多方的星星之火。

股票市場上沒有誰能百戰百勝，投資人只有學會審時度勢，根據趨勢變化以逸待勞，善於等待，才能在股票市場中長久立足。

心細膽才大

投資人能否從行情的細枝末節上發現事態的重大轉變，不但和其觀察的仔細與否有關，還和其分析、判斷的綜合能力有關。

只有用心體會、細心判斷的投資人，當機會來臨時，才敢於重倉出擊；在持倉等待的過程中，才能在驚濤駭浪中閒庭信步，這就是獲利的關鍵因素。

如圖 7-5 所示，細心的投資人完全可以從成交量的變化，以及股價和均線的變化關係中，尋找到該股扭轉下跌趨勢、進入上漲趨勢的蛛絲馬跡。

圖 7-5　趨勢的扭轉

走為上策

　　股票交易的最大誘惑，就在於能夠激發投資人想賺更多錢的欲望，以及把損失撈回來的賭徒心理。很多不懂得應付這些誘惑的人，最後的結果大多是鎩羽而歸。

　　懂得停損和停利是股票交易的重要心理防線，也是區別投資人是否成熟的標誌之一。懂得離場並能夠控制自己離場時間的投資人，必然是不為市場所困的贏家。

7-6

掌握風險控制的兩大面向

　　如果沒有風險控制手段或策略，那麼無論投資人擁有多麼良好的心理素質，都無助於投資本身。擁有自己的風險控制手段，無論是對交易心理，還是對投資本身，都是一件百利無害的事。

　　風險控制是投資人在實際操作中必須面對的重要問題，不同風格的投資人對此也有不盡相同的選擇。實戰中，投資人可根據自己的操作特點，選擇適合自己的資金和倉位控制規則。例如，針對次級趨勢的反彈行情，穩健型的投資人應以較小的倉位參與；而激進型的投資人可以大倉位參與，但應設置停損位。

　　風險控制包含兩個方面：倉位和資金比例控制與交易風險控制。

倉位和資金比例控制

　　倉位和資金的比例控制，是指每筆交易所需資金占總資金的比例，以及總倉位和總資金之間的比例。

　　對於投資人尤其是股市新手來說，總資金中最好不要有借款或融資而來的資金；對於經驗豐富且有一定資金使用和管理能力的投資人來說，也應控制借款或融資所占總資金的比重，防範因意外情況而導致資金鏈斷裂。

　　對於這部分資金的使用，投資人應以易於變現和高周轉率為原則，比如，主要將其用於申購新股、短線交易等。在資金比例控制上，資金量不同的投資人，可根據自己的實際情況酌情掌握。

　　一個成熟的投資人應該有計劃地使用交易資金，畢竟股票交易的風險，就在於投資人無法百分之百預知每次交易是獲利還是虧損，所以追求獲利的同時還需要考慮風險因素，任何時候都不能靠「賭」來決定交易。

　　投資人在每一筆交易中投入的資金比例，應根據市場情況和交易品項的不同，而有所變化。

1. 牛市初期

　　牛市初期，即熊市與牛市行情的反轉階段。這一時期個股的表現並不一致，有的個股已經走出明顯的上漲趨勢，有的個股仍舊延續下跌態勢，還有的個股正處於反覆折返盤整的狀態中。

　　初入股市的投資人在這個階段最好保持觀望。雖然牛市初期的股票有價格上的優勢，但股價的震盪極為頻繁，暴跌時有發生。對於心態不好的投資人來說，追漲殺跌反而容易出現虧損。同時，初入股市的投資人，一般尚不具備判斷行情趨勢反轉的技術能力。有一定技術基礎的投資人，此時會迴避短線交易，專做波段交易或中長線交易。

　　投資人應選取基本面上質地優良、營收穩定的個股，以及技術面上經歷過大跌，目前還在低價位上的個股。投資人應選在股價回落過程中買入，如無必要，切記不要追漲。

　　投資人首次建倉可投入總資金的 50%（如果資金量較大，也可投入 20%~30%），倉位和資金處於平衡狀態，即使股價繼續下跌，投資人的心態也不會受到太大影響。

　　如果股價繼續下跌，那麼每跌 10%，投資人就要投入一部分剩餘資金進行補倉，直至倉位達到八成。正常情況下，股價都會在這個階段開始轉勢上行。

　　倘若投資人遇到極端的情況，要保留兩成的資金來守住倉位直至股價轉勢上行，並突破重要阻力位時，才考慮投入剩餘資金來滿倉。也有很多投資人習慣保留兩成資金，主要用於短線交易，可以避免因手癢而妄動加倉，或者用於防止其他意外情況發生。

2. 牛市中期

在這個階段，上漲趨勢已經非常明確，比較適合新手進場。但投資人還是應選在股價回落或者震盪的過程中買入。

在倉位的選擇上，投資人首次買入以 30%~50% 為佳，儘量不要一次滿倉。雖然在牛市行情的背景下，滿倉從技術上並無太大問題，但大多數新手很難保證其心態不出現問題。一旦遭遇股價回檔，內心恐懼的投資人可能會在股價大跌後減倉。

而牛市行情中的短期回檔，多數都會在集中下跌的情況出現後，轉勢向上恢復上漲行情。因此，在這個階段，新手買入股票後，一旦被套不必過於恐慌，要視為獲利的一個過程。投資人可以藉機在低位補倉，達到六成至八成，甚至滿倉後靜觀其變。

容易手癢的投資人，也可留下兩成的資金，嘗試做短線交易。對於大倉位，新手要儘量使其穩定，在一輪牛市結束時，至少能獲取不低於平均水準的收益。

3. 牛市後期

牛市後期市場極端火爆，股票人氣爆棚，似乎人人都是股神。在這個階段，別說是新手，就是在股市多年的老手，也很難做到全身而退。

在牛市後期，投資人需要警惕的不是股價下跌，而是怎樣留住好不容易獲取的利潤，也就是我們常說的「停利」。在牛市中賺到的錢只是紙上富貴，投資人只有懂得如何收穫，才不會使其化為烏有。

停利是一種智慧，是一種懂得收穫的智慧，也是投資人保住勝利果實的有效方法。當身邊的人幾乎都在炒股，都賺取了不菲的利潤時，作為股市新手，不妨先減掉五成倉位。下這個決定非常難，一旦做出決定，絕不要將這部分已經兌換的資金再次投入股市。

隨著行情發展，大盤或個股趨勢會慢慢顯示出頹勢。當大盤跌破一些重要的技術關口而無力收復時，投資人需要再次減倉或清倉觀望。

4. 熊市初期

熊市初期，即牛市與熊市行情的反轉階段。到了這個階段，市場上時常會出現跳水的個股或連續暴跌的板塊，但大部分投資人仍心懷幻想，不願意相信牛市已經結束。

一般來說，感覺敏銳的投資人，這時可以體會到牛熊轉換已經到來。而對於仍舊持倉的新手來說，最需要做到的就是拋棄幻想，大幅降低倉位或者清倉。

5. 熊市中期

熊市進入中期階段，大盤已經出現較大幅度的下跌，之前不願相信牛市結束的投資人，也不得不承認熊市已至。這個階段的大盤或者超跌的個股，較容易出現強勁的反彈。

熊市初中期的反彈，漲勢很快，但跌勢更加猛烈，這讓投資人很難掌握。持倉新手的最佳選擇就是利用反彈減倉、清倉甚至是出場，切記不可再度增大倉位。這一點說起來容易，做到很難！即使是有經驗的投資人，之前躲過了牛熊轉折的大頂部，但在這時卻參與反彈，最後反而是重倉被套。

對於投資人來說，熊市中期最重要的是能夠拒絕強反彈的誘惑。

6. 熊市後期

如果投資人在這個階段還有倉位，那麼很可能已經被深度套牢，只能被動等待解套方法。

對於經歷過牛市、熊市大部分階段的新手來說，對於風險的理解必然很深刻，已經告別了新手階段，步入成熟投資人階段。

成熟的投資人身上最明顯的標誌，就是懂得在熊市中後期保持空倉。空倉，是一種智慧；空倉，也是投資的一種方式，是投資人必須學會的一種調適手段。很多投資人不願意空倉，理由就是怕踏空行情。如果投資人手中沒股心裡就慌，非常害怕行情突如其來時一個人被拋下。

在牛市行情裡，害怕踏空行情還有一定的道理，那麼在熊市下跌行情中，一些投資人為什麼也存在害怕踏空的心理障礙呢？

只因這些投資人具有濃厚的牛市情結，即使經歷過熊市下跌的無情蹂躪，心中揮之不去的仍舊是「行情會在某時突然出現上漲」的幻想，其對踏空的恐懼遠遠大於對套牢的恐懼。這些投資人往往最不能忍受的是，自己剛剛出場，上升行情便呼嘯而來。投資人缺乏理性的分析和判斷能力，是造成這種錯誤投資的關鍵因素。

對於中小投資人來說，其實根本不存在所謂的踏空行情。如果投資人面對的是趨勢性的上升行情，那麼其中肯定會有足夠多的回檔機會留給投資人介入，而大多數中小投資人，在幾分鐘內就可以做到滿倉。如果只是一波反彈行情，那麼不參與就是穩健型投資人的最佳選擇。

交易風險控制

有些投資人在每個交易日都會買或賣，哪怕手中持有的股票正在上漲，仍然不能抑制將其賣出後再換股買入的衝動。

這類投資人多為新手，大多沒時間成為老手，若是在熊市行情中，他的資金很快就會被耗盡。在熊市行情中，如果仍舊按捺不住手癢而頻繁操作，那麼唯有巨虧的慘痛教訓才會讓他停下來。

也許有人會拿出量化交易等高頻交易模式來反駁，此種交易方式並不適合一般的中小投資人。即使是國外一些專業做高頻交易的團隊，一旦遭遇突變行情，也必須承受重大損失。

誰都有財富快速增值的願望，正是這個願望促使很多人進入股市後，一心只想著做短線、賺快錢！但「欲速則不達」的至理名言，對於大多數人而言都可印證。即使有人偶爾打破這個真理，使財富快速增值，卻也很難讓這種「奇蹟」持續下去。善於歸納的人會發現，財富的快速增值往往只是「運氣」的作用，而這種「運氣」很難保持或再現。

當某些股票突然出現連續暴漲時，如果你分到一杯羹，那麼必須明白一件事：高換手率下的股價暴漲，多是由大資金主導。如果你參與其中，那麼就必須接受股價隨時出現向下崩塌的可能。

如圖 7-6 所示，在十餘個交易日裡，該股股價上漲近 70%，成交換手率

達到 335.55%。在該圖中的 A 點之後，股價突然迅速下跌，套住了追高買入的人。其實，參與這類個股的投資人，都知道自己是在賭，但都認為自己不會接最後一棒。

圖 7-6　交易風險控制

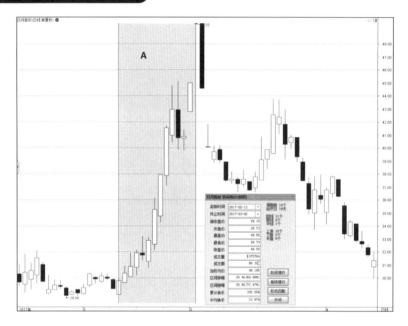

舉這個案例，不是讓投資人迴避所有快速上漲的個股，而是想告訴入市的新手，不要以賭博的心態炒股。如同股市上的俗語：「神仙打架，凡人迴避」，意思是，在大資金相互博弈的過程中，缺乏技術和資金實力的散戶，應儘量採取迴避和觀望的態度。

新手應該把自己的交易目標或者適合交易的對象，放在基本面優良、股價尚未大幅上漲的股票上。這些股票可能短期內的漲跌幅度不大，雖然看起來很沉悶，但正適合新人練手。追蹤一檔股票漲跌循環的全過程，體驗各個階段交易心態的變化，非常有利於新手累積經驗、迅速提升交易技巧。

1 分鐘重點複習

7-1 當危機或機遇來臨時，必須堅定地迎著潰不成軍或狂熱不已的人群，反向前進。這時，無數的焦慮、疑團以及「這次和以前不一樣」之類的問題，會折磨著孤獨前行的你。若能堅守到終點，你必會看到眾人看不到的璀璨星空。

7-2 對於投資人來說，不怕虧損、不怕犯錯、不怕交易系統被推倒重來，視虧損為交易中必然存在的成本，是獲利必經的心路歷程。

7-3 不要高估自己，不要低估他人，成熟的投資人從不認為自己是股票市場上最聰明的那個人。穩定獲利的投資人絕對不會認為自己最聰明，因為市場遠比自己聰明！

7-4 如果你想獨享寶藏，那麼就要在別人恐慌賣出時，敢於買進；在別人貪婪追買時，果斷賣出。這需要投資人具備極強的毅力和堅定的心理素質，如果你具備這兩點，就可以得到最大的報酬。

7-5 贏家不一定是通曉整個市場秘密的人，卻一定是瞭解自己、能夠掌控自己心理的高手。投資人並不需要打敗整個市場，只要能夠戰勝自己的心理弱點，就能大大增加在股票市場中獲利的機會。

7-6 入市新手，最忌「眼高手低」，一心追逐最熱鬧的板塊或個股。這種行為養成習慣後，就很難改掉。很多老股民的操作模式就是這麼形成的，因此不論炒股多少年，從操作行為和交易心態來看，他們仍舊是一個新手。

學那些專業盯盤者，
無法教你的「盤感訓練」

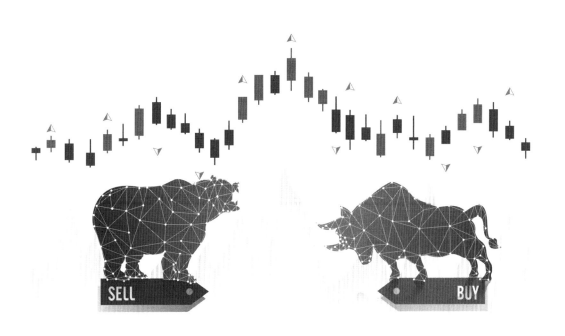

8-1

盯盤與盤感訓練技巧

盯盤者的護城河

盯盤者是指在交易時間內，密切關注股價波動的投資人，大多以短線交易為主，容易受到股價短期波動的影響。盯盤者需要具有強大的自控力，和相應的操作紀律來保障，才能在股價的跌宕起伏中尋覓到獲利之道。

1. 操作紀律

德國哲學家黑格爾曾說：「紀律是自由的第一條件。」沒有紀律約束下的自由其實是放縱，而肆意妄為的放縱，帶來的只會是破壞和毀滅，自由又從何談起？

在股票交易中，投資人的一切操作行為如果沒有紀律的約束，僅憑個人好惡或別人的建議來決定，那麼炒股將會變成極其危險的遊戲。

但在一些人的眼裡，操作紀律是對自己的一種羈絆。他們並不信任操作紀律，不明白正是這些「羈絆」，能在行情發生意外情況時夠保護自己的資金，不受較大的侵害。

在股市中，所有的人都會出錯，關鍵在於不犯同樣的錯誤和低級錯誤，做到這一點看似簡單和容易，卻是大多數投資人虧損的主要癥結所在。個中原因在於，當行情如火如荼時，投資人容易忘記曾經有過的傷痛，把風險拋在腦後，眼裡看到的只有暴利。而能幫助投資人克服這一心理弱點的，就是制定操作紀律。

　　一些投資人漠視操作紀律的原因，還在於某些偶然性的機會裡，不守紀律的人獲取了暴利，而守紀律的人卻常常坐失良機。其實這種現象就是只看到「成功和暴富」，卻看不到或不願意看到「失敗和制裁」。

　　以紀律來規避不必要的錯誤，無疑能使投資人迅速撤除股市中的諸多干擾，能夠更加清晰地感受和捕捉到市場運行的主動脈。

　　成功者的操作紀律，是經歷過多次成功和失敗後，對經驗和教訓的高度總結，是由無數金錢和血淚所凝聚的。操作紀律的建立和執行，可以落實在一份股票投資計畫中。一般來說，這份計畫應該包含以下內容。

　　(1) 資金控制：包括投入的總資金額度、資金的使用步驟以及預備資金的留置額度等。

　　(2) 投資目標、時機、週期和獲利預期：在投資計畫中，投資人應充分思考「為什麼買入某個目標個股」。在之後持股的過程中，當投資人因股價波動而產生疑慮時，可以回過頭來看看，當初買入的理由是否有變，這麼做非常有助於投資人耐心持倉。

　　同時，投資人對買入和賣出時機、價格應確定出大致的範圍，以及投資週期的長短和次數。投資預期收益要合理、不能太高，否則會影響投資心態，使獲利變為虧損。而預期收益的具體額度，要根據市場情況而定。

　　(3) 糾偏手段：投資計畫要清晰明確，同時要根據市場的變化情況，確定非常規的糾偏、糾錯手段，預防意外情況發生。

2. 別用自己的願望去交易

　　投資大師羅傑斯曾告誡投資人，別用自己的願望去交易。這句話的意思是，投資人在決定買入或賣出時，不能把主觀的願望作為交易的理由和依據。比如，我覺得這支股票會漲，或者會跌等。

　　有些投資人在熊市中買入橫向盤整的個股，期望這些個股會在不久之後向上突破，帶來豐厚的利潤。然而，這類個股盤整結束後，多會選擇向下運行，當期望被現實擊得粉碎，唯一真實存在的就是資金虧損。

　　盯盤者的任務在於解讀盤面的潛藏含義，過程中決不能讓主觀願望摻雜其中，否則分析結論必然和真實情況有所出入。例如，某股突然連續出現較

大買單，持倉的投資人從主觀願望角度來看，必然認為即將快速飆升；而空倉的投資人可能會認為，這是主力誘多，後市肯定下跌。

這就是典型的用主觀願望來分析和看待盤面變化，全然不考慮技術面上的客觀情況和其他因素，那麼可能永遠讀不懂市場的「心跳」。

3. 訓練盤感

有著「金融大鱷」之稱的投資大師喬治・索羅斯曾說，每逢自己的投資組合存在問題時，他總會感到背痛；而當這些問題得到解決時，背痛就會不藥而癒。這種神奇的感覺就是預感或「第六感」，其實是人的潛意識對大量不同訊息合成的結果，在股票市場上也被稱為「盤感」。

盤感會讓投資人對未來的行情趨勢產生預判，而這種盤感並無邏輯推理或分析的過程，但行情往往會驗證盤感的正確性。有些投資人在關鍵時刻，往往會因為這種神奇的盤感而逃脫劫難。雖然盤感讓人感覺神奇，但是它和上文提到的「用自己的願望去交易」完全不是一碼子事。

盤感神奇，卻並不神秘，它來源於人們的社會實踐。人們對客觀事物本質屬性的辨別、判斷，可以不必樣樣經過思維活動的複雜分析、綜合、歸納、演繹等加工過程，而只需在感知過程中，將儲存在大腦神經網路中的理性意象，與對某一事物的感覺印象相比較，便能直接做出判斷。

盤感形成於股票操作中，是投資人對操作經驗和交易理念的積累，以及長時間感受市場、綜合交易訊息的結果。經過一些必要的步驟和一段時間的強化訓練，大部分投資人也可以擁有盤感。

總而言之，盤感的獲得需要有一個從量變到質變的過程，在這個過程中，既需要投資人下功夫做足功課，也需要投資人勤於思考。

(1) 堅持每日復盤訓練

投資人應該把復盤當成每天收盤後必須完成的一項工作。復盤的意義在於，結束一天的即時交易後，重新流覽個股走勢，重溫當天重要的盤面訊息。有些內容在即時交易中不便於深入分析，而在復盤階段則可以靜下心來仔細研究。在復盤過程中，投資人對當天的市場熱點、板塊動向、大盤整體趨勢等，都應有一個細緻的回顧，並以交易日誌的方式認真記錄。

(2) 盤面速判能力訓練

投資人在交易時間看盤時，要重視訓練對於漲跌幅榜上的個股走勢、板塊發展情況以及大盤、個股分時變化的判斷能力，即時做出趨向性判斷，並隨時驗證自己的判斷。當投資人判斷錯誤時，應立即診斷原因或記錄下來，等待復盤時分析。

(3) 盤面記憶能力訓練

投資人在即時交易時，應認真觀察和記憶重要個股的盤面數據特徵。例如，分時走勢特點，開盤、收盤有無異常，盤中最高價、最低價出現時的特徵，量價關係正常與否，以及盤中有無主力出貨、護盤等運作情況。即時交易結束後，投資人應將目標個股的這些重要訊息，在腦海中反覆回憶。

(4) 交易資訊的條件反射訓練

對於大盤及個股一些重要的底部、頂部的分時圖，及 K 線圖、成交量和技術指標的特徵，投資人要反覆研究、細心揣摩，並逐步拓展到次級行情、短期行情的高點和低點的技術分析中。投資人要讀懂這些行情特殊階段的技術含義，並用心記住細節。

利用交易軟體的重播功能，投資人可逐一分析一些重要點位出現時的技術環境。和即時交易的盤面速判能力訓練一樣，投資人可以在分析技術含義的同時，不斷地進行預判，再利用重播來驗證自己的判斷是否正確，以此不斷儲備盤面資訊，強化條件反射和盤面速判的能力。

共振理論

共振是物理學上的專業術語，是指兩個振動頻率相同的物體，當其中一個發生振動時，引起另一個物體振動的現象。在股票交易中，多個技術工具共同發出交易提示的情況，也稱為共振。

在股票技術分析中，當多個技術工具對某個形態同時發出一致性技術提示，也就是發生共振時，其提示訊號的準確性極高。

共振現象是投資人探究目標股票是否具備交易條件的極佳手段。例如，如果經過多項技術工具的分析，都顯示某股具備一定的上漲機率，表示技術

工具在這裡產生了共振。如果多項技術指標未能出現共振，而是各自發出了不同的訊號和提示，也就不必然說明該股不會上漲。多項技術工具的共振，並不是一個經常會出現的現象。

技術共振的類型具有多樣化的特點，大致可分為以下幾種。

1. 多個技術指標對目標個股發出共振提示

這種類型的共振較為常見，比如 MACD、KDJ、BOLL 等技術指標，同時發出買入或賣出的交易提示。正因為這種共振的常見性，而且是技術指標範疇內的共振，所以準確性會有折扣，應用空間和時間也有較多的限制。

2. 技術指標、量價關係等技術工具在某一時點發出共振

在實戰中，均線系統、量價關係、技術指標等，同時發出買入或賣出的提示，這種跨越技術類別的共振，一般具有較高的準確性。

3. 不同時間週期在技術分析上形成的共振

不同的時間週期和技術工具，對某一物件在某一時點發出的共振提示，往往有著令人驚奇的準確性，這種類型的共振難得一見。不同時間週期的共振有著不同的應用意義，比如，如果日線、週線、月線同時顯示行情看好，則意味著中長期行情轉暖；而 5 分鐘、15 分鐘、60 分鐘等時間週期的共振，只是顯示短期行情的變化。

在實戰中，時間週期和多項技術工具的共同使用，對於盯盤的投資人在分析和判斷行情變化上更為有利。出現共振的技術因素越多，對行情判斷的準確性越高。

8-2

集合競價的看點有哪些？

　　盯盤者通常不會錯過每個交易日開盤前的 15 分鐘，這個時間段包含每日開盤前集合競價的過程。

　　集合競價是指在規定時間內，接受的買賣申報一次性集中撮合的競價方式，由此確定當日的開盤價。集合競價完全由電腦交易系統進行程式化處理，將處理後所產生的成交價格顯示出來。過程中的成交價格，是電腦交易處理系統對全部申報按照價格優先、時間優先的原則排序，找出滿足以下三個條件的基準價格。

- 成交量最大。
- 高於基準價格的買入申報，和低於基準價格的賣出申報全部成交。
- 與基準價格相同的買賣雙方中，有一方申報全部成交。

　　集合競價過程中，若產生數個價格同時滿足集合競價的三個條件時，滬市會選取這幾個基準價格的中間價格作為成交價格，深市則會選取離前收盤價最近的價格作為成交價格。

　　集合競價期間未成交的買賣申報，會自動進入連續競價階段。

開盤集合競價的規定

- 每個交易日上午開盤時是集合競價時間。

● 集合競價是以價格優先，然後才是時間優先的原則撮合交易。投資人如果力求在集合競價階段成交，那麼最好在接近上午開盤時，申報一個比即時報價有價格優先權的價位，以確保成交。

● 集合競價階段往往隱含著主力資金當日的一些運作意圖，因此投資人應認真、細緻地分析集合競價情況，以便及早進入狀態，熟悉最新的交易資訊，掌握當天的交易先機。

集合競價的交易要點

第一，集合競價期間，投資人要注意觀察個股委託盤的情況，如果委買單大於委賣單2倍以上，則表示多方占優勢，股價上漲的機率較大。

上午開盤後，投資人要繼續觀察委買單和委賣單的變化，如果這時委買單仍舊大於委賣單，且委買單有不斷加碼的跡象，則個股當天強勢上行的機率極大。在熊市市場整體處於下跌大趨勢的背景中，投資人應慎重利用集合競價進行交易。

第二，如果某檔股票在前一交易日強勢上漲或封住漲停板，尾盤時委買單量很大，限於收盤無法成交，投資人可以對該股進行基本面、技術面的綜合分析，在確認該股具備連續上漲的條件之後，次日密切關注集合競價時委買、委賣的情況。如果上午開盤過後，委買單依然保持很大的優勢，投資人可以果斷掛單，參與競價買入。

第三，如果某檔股票在前一交易日強勢上漲或封住漲停板，次日在集合競價時成交量同比溫和放大，且向上跳空缺口適中，則仍有上行的可能，投資人可適度參與。

如果熱門股在集合競價時成交量同比急劇放大，並且向上跳空缺口在5%左右，投資人要小心開盤後股價衝高回落。投資人在集合競價階段應以觀望為宜，等待開盤後分析量價關係變化情形再行決定。

如圖8-1所示，該股前一交易日報收漲停板，進入當日集合競價期間時，股價在當日漲停板價位上開始競價。就在集合競價即將結束時，突然出現大單，將成交價迅速壓低。這筆確定開盤價的大單，給部分持倉者帶來了

恐慌，開盤後股價出現一個瞬間急速下探的過程。

　　之後股價迅速回升並封住漲停板，不久又被巨量賣單打開。雖然最終該股還是封住漲停板直至收盤，但是該股在競價階段和開盤之後的表現，已經顯示出盤中存在較為強烈的兌現欲望，這在之後的交易日必然有所表現。

　　投資人對於類似這種個股，在之後的操作中應儘量避免追漲，而持有倉位的投資人需觀測後市該股放量的情況，當出現高換手率時，應及時減倉。

圖 8-1　集合競價

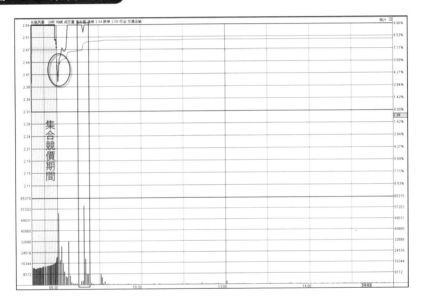

8-3

用 3 種開盤情況，預估當日漲跌

　　集合競價結束後，個股盤面將會顯示出當日開盤的情況。開高、低開、開平等開盤情況，對於盯盤的投資人預估當日個股的走勢，具有較為重要的作用。

開高

1. 消息影響下的開高

　　消息影響下的開高是指有關上市公司的公告、消息或政策，促使市場資金在開盤前競價買入該股，而導致的開高。

　　針對這種類型的開高，投資人應主要看開盤後的交易過程中，資金是否能夠持續流入並推動股價上升。一旦做多，資金後續不濟或遭遇主力趁機出貨及故意打壓，往往會形成開高走低的局面。

　　如圖 8-2 所示，該股盤前公告稱收到相關補償資金，直接以漲停板開盤，但隨後股價並沒能維持在漲停板的價位上，而是被打開漲停板並持續回落，之後股價在前一日收盤價上下震盪。

　　當受到利多消息影響個股開高時，投資人最好保持冷靜分析的態度，不可因一時衝動追高買入。例如，在利多消息出現之前，如果該股股價已經出現過大幅上漲，那麼有可能就會出現「利多兌現是利空」而開高走低的情況。消息影響下，開高的個股能不能追漲，投資人還是要根據個股的情況具體分析。

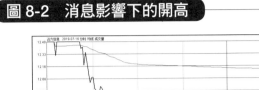

圖 8-2　消息影響下的開高

2. 主力資金影響下的開高

　　個股主力主動參與競價買入，導致開盤開高。這種開高大都有較好的後續能量，尤其是控盤程度較高的主力。當大盤開高走高、價升量增時，個股有衝擊漲停板的潛力。投資人想謹防主力誘多出貨，要結合 K 線圖看股價所處的位置，以及主力拉高有無出貨跡象等。

　　如圖 8-3 所示，該股開盤開高達 9.89%，集合競價成交量達 10,646 張，明顯有主力運作跡象。

3. 市場隨機開高

　　市場隨機開高和主力影響下的開高，其明顯區別在於開盤無明顯的成交數據，並且開盤時幾個價位掛單較為稀疏，大多為市場上零散的資金行為，很難有持續良好的表現。如圖 8-4 所示，該股開盤開高 0.19%，集合競價成交量僅為 2 張，明顯屬於市場隨機開高的類型。

圖 8-3 　主力資金影響下的開高

賣五		
賣四		
賣三		
賣二		
賣一	10.68	5993
買一	10.67	5778
買二	10.66	1254
買三	10.65	766
買四	10.64	476
買五	10.63	353
現價	10.67 今開	10.67
漲跌	0.96 最高	10.67
漲幅	9.89% 最低	10.67
昨收	9.71 均價	10.67
總量	10646 量比	89.46
外盤	5323 內盤	5323
換手	1.57% 股本	1.79億
淨資	3.72 流通	6777萬
收益(2)	0.085 PE（動）	63.1
09:25	10.67	10646　270

圖 8-4 　市場隨機開高

賣五	5.25	194
賣四	5.23	50
賣三	5.20	35
賣二	5.19	16
賣一	5.17	10
買一	5.13	51
買二	5.11	16
買三	5.10	33
買四	5.08	40
買五	5.07	4
現價	5.14 今開	5.14
漲跌	0.01 最高	5.14
漲幅	0.19% 最低	5.14
昨收	5.13 均價	5.14
總量	2 量比	0.01
外盤	1 內盤	1
換手	0.00% 股本	5.53億
淨資	2.14 流通	5.53萬
收益(2)	0.094 PE（動）	27.4
09:25	5.14	2　1

低開

1. 消息影響下的低開

　　突發的利空消息或事件，促使一些投資人在開盤競價階段不計成本地低價賣出，導致股價低開。在這種情況下，投資人要看消息和事件對個股實質性的影響程度，如果僅是受大盤下跌的波及，則低開走高的可能性較大。如圖 8-5 所示，該股當天公告一季度業績預減，導致股價開低走低。

圖 8-5　消息影響下的低開

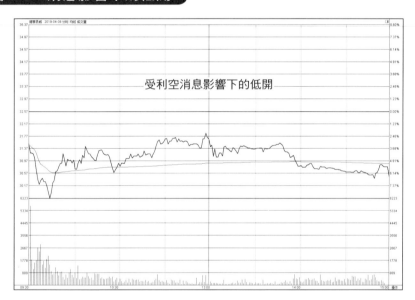

2. 主力影響下的低開

　　個股主力主動參與競價賣出，導致開盤低開。在這種情況下，開低走低的可能性較大，除非是主力誘空、洗盤。在當天的分時圖中，主力的誘空洗盤往往開始呈現跌勢，既快又猛，成交量急速放大，股價曲線急速下跌，隨即又快速折返。

一般的強勢個股在開盤 30 分鐘內會出現下跌終結，股價持續拉高上漲。而股價開低走低，說明下跌後股價的每一波反彈很少超過前一波的高點，且反彈時成交量較小，整體趨向一路下沉。如圖 8-6 所示，該股以跌停板開盤，集合競價成交量達 8,663 張，明顯有主力運作跡象。

圖 8-6　主力影響下的低開

賣五	9.33	265
賣四	9.32	1
賣三	9.31	11
賣二	9.30	56
賣一	9.29	84844
買一		
買二		
買三		
買四		
買五		
現價	9.29 今開	9.29
漲跌	-1.03 最高	9.29
漲幅	-9.89% 最低	9.29
昨收	10.32 均價	9.29
總量	8663 量比	15.84
外盤	4331 內盤	4332
換手	0.52% 股本	3.32億
淨資	1.96 流通	1.67萬
收益(2)	0.075 PE（動）	62.1
09:25	9.29	8663　761

3. 市場隨機低開

市場隨機低開和主力驅動型的低開的區別在於，其開盤無明顯的成交數據，並且開盤時幾個價位掛單較為稀疏，一般在長期熊市及成交稀疏的冷門股中比較常見。無方向感的低開走勢縹緲，唯有成交量大幅出現時，才能真正確認其趨勢。如圖 8-7 所示，該股開盤低開 0.86%，集合競價成交量僅為7 張，明顯為市場隨機型開盤。

圖 8-7　市場隨機低開

賣五	5.90	51
賣四	5.89	16
賣三	5.88	70
賣二	5.79	58
賣一	5.78	41
買一	5.75	13
買二	5.74	42
買三	5.70	70
買四	5.69	7
買五	5.66	17
現價	5.75 今開	5.75
漲跌	-0.05 最高	5.75
漲幅	-0.86% 最低	5.75
昨收	5.80 均價	5.75
總量	7 量比	0.05
外盤	3 內盤	4
換手	0.00% 股本	3.30億
淨資	1.60 流通	3.30億
收益(2)	0.068 PE（動）	42.2
09:25	5.75	7　　2

開平

　　開平是指今日開盤價和昨日收盤價一樣，表示大部分投資人對目前的大勢或者個股行情持觀望的態度。

　　沒有方向感的開平，大多數是市場隨機的結果，主力未主動參與。如圖8-8 所示，該股開盤漲幅為 0.00% 開平，集合競價成交量為 1 張。

　　但開盤開平不等於主力盤中不準備參與，投資人可細心觀察盤中有無主力的運作跡象，適時而動。

　　有時候一筆大成交單的突然出現，會使股價開始蠢蠢欲動。這個大成交單如果是主動性買單，並且在接下來的幾分鐘內連續出現較密集的買單，股價全天上漲的可能性大；反之，則下跌的可能性大。

圖 8-8　開平

賣五	8.18	24
賣四	8.17	43
賣三	8.16	5
賣二	8.15	30
賣一	8.09	8
買一	8.01	13
買二	8.00	28
買三	7.96	30
買四	7.95	10
買五	7.94	20

現價	8.09	今開	8.09
漲跌	0.00	最高	8.09
漲幅	0.00%	最低	8.09
昨收	8.09	均價	8.09
總量	1	量比	0.01
外盤	0	內盤	1
換手	0.00%	股本	2.15億
淨資	3.24	流通	2.14億
收益(2)	0.119	PE（動）	34.2

09:25	8.09	1	1

8-4

注意盤面數據的變化

　　多數盯盤的投資人都是進行短線交易，在對目標個股進行盤中追蹤時，個股盤面數據就是重要的觀測對象。這些盤面數據能夠及時反映出個股即時走勢的強弱變化，以及資金流動的情況。

委比與委差

　　如圖 8-9 所示，在大多數行情分析軟體中，買盤掛單和賣盤掛單的上方會顯示「委比」和「委差」，很多投資人不知道它們的含義，更不知道它們有什麼作用。

　　委比是衡量某一時段買賣盤相對強度的指標。計算公式如下：委比＝（委買張數－委賣張數）／（委買張數＋委賣張數）×100%。

　　當委比值為正值並且絕對值大時，說明目前買盤強勁；當委比值為負值並且絕對值大時，說明目前賣盤洶湧。

　　委比值從 -100% 向 +100% 變化，表示買盤正逐步增強，賣盤逐步減退。相反地，從 +100% 向 -100% 變化，則說明買盤逐步減弱，賣盤逐步增強。

　　委差即委買委賣的差值。委差為正，表示價格可能上升；反之，價格下降的可能性較大。投資人在參考個股的委差值的同時，需要結合其他技術指標輔助判斷，因為單一的指標容易被主力的騙線所蠱惑。

　　如圖 8-10 該股，委比和委差值皆為正值，但股價卻大跌 7.22%，股價的表現和指標嚴重不符，其實個中的原因在於，委比委差是動態指標，其在

某一時段的數值不能代表全天。

圖 8-10 案例中選取的是「該股收盤時的跌幅數據和同一時間委比委差的值」，這些數據只能說明在收盤之前，買盤略大於賣盤，但並不代表在盤中大部分交易時間內，委比委差的值一直是這樣。

當然，如果尾盤有資金趁大幅下跌之際，掛大單護盤或準備吸納賣盤的話，確實會讓委比和委差產生這種變化。

圖 8-9　委比和委差

委比	16.00% 委差	171
賣五	27.55	24
賣四	27.53	16
賣三	27.52	50
賣二	27.51	85
賣一	27.50	208
買一	27.48	150
買二	27.47	131
買三	27.46	66
買四	27.45	172
買五	27.44	101

圖 8-10　委比委差的應用

委比	3.02% 委差	139
賣五	9.95	846
賣四	9.94	70
賣三	9.93	45
賣二	9.92	1188
賣一	9.91	83
買一	9.90	1205
買二	9.89	688
買三	9.88	355
買四	9.87	33
買五	9.86	90
現價	9.90 今開	9.79
漲跌	-0.77 最高	10.36
漲幅	-7.22% 最低	9.79
總量	275358 量比	2.34
外盤	130856 內盤	144502

分析成交回報

在個股的成交回報中，投資人可以看到買賣單成交的具體情況，尤其在個股出現急速上漲或下跌時，可以根據其成交單的大小、成交大單的密集程度等分析主力的意圖。圖 8-11 展示的是某股在某一時間段內的成交回報。

集中競價結束後，個股大都會出現當天的第一筆成交數據，個別交易冷清的股票也可能無競價數據。無成交數據的個股，表示很少資金關注或主力暫時蟄伏，當前屬於冷門股票。第一筆成交量較大的股票，表示市場資金關

圖 8-11　成交回報

時間	價格	成交		
	16.07	403	S	26
	16.07	49	S	7
	16.07	32	S	6
	16.08	73	B	13
	16.08	257	S	9
	16.08	18	S	1
	16.08	35	S	6
	16.09	75	B	8
14:55	16.09	35	B	4
	16.09	120	B	7
	16.09	67	B	10
	16.09	35	B	9
	16.09	46	B	12
	16.07	554	S	37
	16.09	16	B	6
	16.08	89	B	15
	16.09	73	B	4
	16.10	558	B	45
	16.10	165	B	9
	16.10	29	B	3
	16.10	278	B	13
	16.09	220	S	16
	16.09	20	S	3
	16.10	107	B	14
	16.10	483	B	43
	16.09	196	S	15
	16.10	91	B	6
	16.11	148	B	16

注度較高，是當前交易的熱門股票。第一筆成交量一般的股票，表示市場資金未熱切關注，主力未積極參與。

分析第一筆成交數據，有利於投資人對準備買入和已經持有的股票做前瞻性的判斷，並且結合其他的預測性指標，投資人大致可以對目標股票做出買入、賣出、等待等不同的決策。

投資人分析單筆成交的目的在於，經由對細節的觀察和分析，揭示主力盤中異動的真實含義，所謂窺一斑而知全豹。

個股的成交數據都是由交易所每 15 秒或每 5 秒返回一次，其中累計的成交價真實性有偏差。有時看似是買入的大單，其實是因為時間差的緣故，

將大賣單和小買單合計成一筆成交。

在分析每筆成交回報數值的時候，投資人不必關注股票軟體上顯示的是買入成交還是賣出成交。主力在成交回報上利用時間差，可以輕易地做到把買單合計成賣單，或者把賣單合計成買單，投資人不要被誤導。

其實，投資人在盤面上只需要關注大單成交時股價的變化，就可大致推算出主力當前的意圖。即便投資人一時難以辨明主力的用意，也要繼續細心觀察接下來的變化。主力的動作總是有連續性的，如果把主力的若干行為結合起來加以分析，投資人大多會得到一個相對滿意的答案。

盯盤的投資人有時會發現一個現象，個股買賣盤掛單上並沒有較大的掛單，但在成交回報中卻出現成交大單，這就是隱形的買賣盤，大多是交易中主動性成交的單，是市場上較為真實的買賣力量。如果買賣單較大，或者雖然買賣單不大，但是連續出現，那麼就是主力運作的結果。

如果在個股賣盤的幾檔價位上掛有幾張大賣單，這時出現持續性隱性買盤，開始向上攻擊這些大賣單，同時卻並不見有大賣單主動砸下來，則股價可能出現一波急速上升。

如果在個股買盤的幾檔價位上掛有幾張大買單，這時出現持續性隱形賣盤，而那些大買單時撤時掛，股價有鬆動跡象，往往是股價下跌的訊號。

量比

量比是指「開市後平均每分鐘的成交量與過去 5 個交易日平均每分鐘的成交量的比」。其計算公式如下：量比＝現成交總量／〔過去 5 日平均每分鐘的成交量×當日累計開市時間（分）〕。

量比是以成交量為衡量對象的指標，為成交量分析中極為重要的形式之一，在解讀個股強弱度以及價格運行趨向時不可或缺。

其最突出的作用，就是能及時發現哪些個股在成交量上出現了突變的情況。成交量的突變意味著交投活躍度激增，雖然並不必然帶來交易的機會，但會額外告訴我們一些關於價格的線索。在實戰中的應用法則如下。

⑴當量比大於 1 時，表示當日平均每分鐘的成交量大於過去 5 日的平

均數值，交易比過去 5 日活躍。

　　(2) 而當量比小於 1 時，表示現在的成交量比不上過去 5 日的平均水準，股價活躍度較低。但如果個股盤中大幅上漲，則意味著盤面壓力極小，後市還有高點；反之，個股盤中大幅下跌，則表示多空雙方對下跌沒有太大的爭執，後市還將繼續下跌。

　　但是，在股價反彈過程中，如果量比仍舊保持在 1 倍以下，表示當前的股價並無太多的資金願意積極交易。與其說是資金主動性買入帶來的上漲，不如說是沒有多少人願意賣出造成的上漲。投資人對於量比低迷時股價的微弱上漲，不可抱有過多的幻想。

　　如圖 8-12 所示，該股微幅上漲，量比僅有 0.58。圖 8-13 是該股當日的分時圖，圖中可見全天的走勢圍繞昨日收盤價微幅波動，僅就該股當日的盤面情況分析，並無資金關照。從投資人參與短線反彈的角度來說，對於這類個股應避而遠之。

圖 8-12　量比應用

002330得利斯		
委比	-73.70% 委差	-454
賣五	10.51	20
賣四	10.50	335
賣三	10.49	65
賣二	10.48	52
賣一	10.46	63
買一	10.45	6
買二	10.44	14
買三	10.43	11
買四	10.42	23
買五	10.41	27
現價	10.46 今開	10.47
漲跌	0.02 最高	10.50
漲幅	0.19% 最低	10.30
總量	4205 量比	0.58
外盤	1691 內盤	2514
換手	0.67% 股本	2.51億
淨資	5.08 流通	6300萬
收益(2)	0.113 PE（動）	46.1

圖 8-13　分時圖

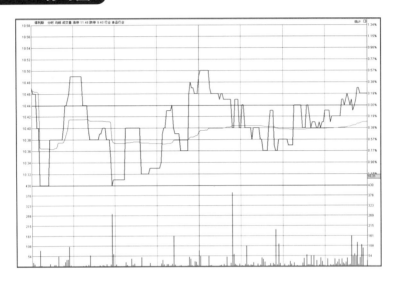

(3) 當量比在 1.5~2.5 倍時，為溫和放量，當下的股價運行趨勢仍將維持。

(4) 當量比在 2.5~5 倍時，為明顯放量，股價趨勢得以加強。

當股價處於大幅下跌之後或者是蓄勢已久，量比的大增預示著股價重獲資金的青睞，發力上漲的可能性較大。如果股價處於一波短期反彈或次級反彈的高位區域，那麼這時量比突增，極有可能就是反彈行情結束的訊號。

圖 8-14 中，該股量比為 3.15，漲幅為 6.99%，股價處於一波整理後的低位區域。圖 8-15 是該股當日的分時圖，量價配合極佳，明顯有資金的維護和支撐。

投資人應密切關注圖 8-14 和圖 8-15 的個股。在這類個股股價回檔的過程中，如果股價回落幅度和量比並未出現逆轉性的變化，那麼當股價再次上升、量比放大時，投資人可以適量參與。

(5) 當量比在 5~10 倍時，為劇烈放量。當股價在低位時，是關注的訊號；當股價在高位時，是回檔的訊號。

經過大幅下跌之後，當股價略作盤整再次下跌時，量比開始激增，投資人可以適當關注。這是股價下跌加速的特徵，在恐慌性賣盤告一段落之後，

圖 8-14　量比增加

002375亞廈股份		
委比	-79.73% 委差	-1046
賣五	25.29	84
賣四	25.28	65
賣三	25.27	375
賣二	25.26	25
賣一	25.25	630
買一	25.23	5
買二	25.20	111
買三	25.19	1
買四	25.14	5
買五	25.13	11
現價	25.25 今開	23.55
漲跌	1.65 最高	25.30
漲幅	6.99% 最低	23.30
總量	59698 量比	3.15
外盤	40430 內盤	19268
換手	2.72% 股本	6.35億
淨資	4.81 流通	2.20億
收益(2)	0.405 PE（動）	31.2

圖 8-15　分時走勢

股價將迎來一次極佳的反彈或反轉行情。

如圖 8-16 和圖 8-17 所示，該股正處於一波下跌途中，當日的量比達到 5.8，跌幅一度超過 5%，雖然後市有所回升，但收盤時跌幅仍舊保持在 2.64%。對於這類個股，投資人不可匆忙介入。量比的激增並不代表跌勢已盡，只能說明目前股價的位置，市場各方開始出現分歧。

一般來說，下跌途中量比激增的個股已經在孕育一定的機會，但是這個機會也同時埋藏著一定的風險。投資人介入的時間點較難掌握，過早介入必然要遭受股價繼續下跌所帶來的虧損，過晚介入很容易落入主力的陷阱。比較保守的做法是，等待這類個股的量比恢復到一個相對穩定的數值，不再激增也不再繼續萎縮，當量比再次隨著股價的上升而再度放大時，投資人則可適量介入。

(6) 當量比達到 10~20 倍時，現在運行的趨勢可能會發生反轉。

圖 8-16　激增的量比

600066宇通客車		
委比	-68.65% 委差	-1082
賣五	21.84	9
賣四	21.83	40
賣三	21.82	447
賣二	21.81	610
賣一	21.80	223
買一	21.76	61
買二	21.75	105
買三	21.74	38
買四	21.73	21
買五	21.72	22
現價	21.77 今開	22.32
漲跌	-0.59 最高	22.32
漲幅	-2.64% 最低	21.01
總量	14.6萬 量比	5.80
外盤	64869 內盤	81353
換手	2.17% 股本	7.05億
淨資	8.47 流通	6.74億
收益(2)	0.836 PE（動）	13.0

圖 8-17　分時圖

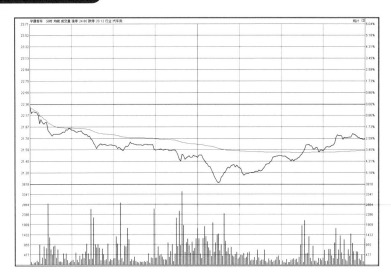

　　需要投資人特別注意的是，量比指標是即時性指標，會隨著成交量的變化而變動。也許前一個小時量比指標的值都小於一，但是盤中風雲突變，隨著資金發起密集攻擊，量比指標可能很快就會達到很高的值。反之，也是如此。

　　如圖 8-18 所示，該股收盤後股價漲幅 5.65%，但量比僅有 0.48，那是不是就像量比法則中所說的，意味著盤面壓力極小，後市還有高點呢？凡事不可刻舟求劍，尤其是當案例中出現的是個股收盤後的數據，並非盤中動態數據時。這就需要看該股當日的分時走勢，才能進一步判斷。

　　如圖 8-19 所示，該股當日雖然升幅不小，但在收盤前的一段時間內，股價橫向震盪，成交量也相比拉升階段稀疏了許多，量比的值在這個階段無疑是在不斷下降。這種情形下的低量比值不一定代表壓力極小，也有可能是資金不願追漲造成的。

圖 8-18　量比

現價	44.90	今開	42.59
漲跌	2.40	最高	46.00
漲幅	5.56%	最低	42.48
總量	9865	量比	0.48
外盤	6487	內盤	3378

圖 8-19　量比

內盤和外盤

內盤一般是指主動性賣出的數量，以買入價主動成交的累計成交量就是內盤數據。

如圖 8-20 所示，盤面掛單：賣一為 26.09 元，買一為 26.08 元。如果投資人不急於賣出，可以在賣盤上掛單等待成交；如果投資人想儘快成交，則可以直接以買一的 26.08 元作為賣出價，這就是主動性賣出，成交之後這筆交易的成交現量，就被計入內盤。

外盤是指主動以賣出價成交的累計成交量，換句話說，主動性買入的數量就是外盤數據。

簡單地說，外盤數據大，表示資金看好該股，主動性買入較多；內盤數據大，表示持倉者人心浮動看空後市，主動性賣出較多，這是內外盤的基本含義。但是，「簡單地說」並不意味著都是這麼簡單！否則，做股票也太容易了些，盯住內外盤就足夠了。

主力資金很輕鬆地就可以操控內外盤數據，使之失真，錯失本來的含義，從而誤導投資人。例如，如果主力資金在各檔賣盤掛上足夠大的賣單，給予市場該股賣壓沉重的感覺，那麼投資人想要賣出的話，就只能照著下方買盤買一的價位上賣。

各檔賣盤上的大賣單，在向想要賣出的持倉者發出暗示：第一，如果掛單，你是賣不掉股票的，因為很多大賣單排在你前面；第二，儘快賣出，因為說不定過一會只能賣更低的價。

實戰中，很多想賣出的籌碼就會按照暗示往下尋求，儘快成交，如此就會使內盤變大。雖然看起來主動性賣盤較多，但其實和主力資金的真實動向並無關係。如圖 8-21 所示，賣盤上掛單都是幾百張，而下方買盤掛單最多只有幾十張，這種情況會使想賣出的人頗為焦慮，可能會選擇低價儘快了結。

需要提醒投資人的是，內外盤數據是動態的，會隨著行情的發展而改變。早盤內盤大的個股，也許到了午市收盤，外盤就會變大。

圖 8-20　內盤數據

賣五	26.13	193
賣四	26.12	410
賣三	26.11	234
賣二	26.10	257
賣一	26.09	164
買一	26.08	357
買二	26.07	215
買三	26.06	123
買四	26.05	372
買五	26.03	53

圖 8-21　賣盤上的大單

賣五	74.04	160
賣四	74.03	336
賣三	74.02	208
賣二	74.01	138
賣	74.00	654
買一	73.99	7
買二	73.97	2
買三	73.96	33
買四	73.95	3
買五	73.93	44

對於一些經過長期大幅下跌之後，走勢低迷的冷門股，如果投資人發現其外盤在連續多日的交易中，明顯大於內盤，但個股價格變化並不明顯。這種現象意味著有資金悄悄進場，投資人不妨擇機潛伏。

振幅

振幅是指股票價格在一定時間內震盪的幅度，是一種判斷個股活躍程度的指標。可分為日振幅、週振幅、月振幅等類型。計算公式有以下兩種：

振幅＝（當期最高價－當期最低價）／前收盤價×100％

振幅＝最高點的幅度＋最低點的幅度

一般來說，個股的振幅大，則股價必然活躍。如圖 8-22 所示，該股在上午交易中曾出現大幅下跌，之後震盪回升，尾盤出現一波拉升和回落。該股當日振幅達到 18.02％。

對於短線投資人來說，振幅大的股票遠比振幅小的股票具有吸引力，也

圖 8-22　振幅

比較容易尋求其中的差價。而振幅較小的個股，一般都是冷門股或交易清淡的權重股，短線交易的機會相對較少。

　　投資人可以在行情軟體設置振幅排名一欄，顯示當日市場上即時振幅最高的個股的排名情況。如圖 8-23 展示出了當日交易的某一時段即時振幅最高的個股，除去當日上市的新股，排名第一的個股振幅達到 19.47%。

圖 8-23　振幅排名

今日振幅排名		
N光雲　　K	38.03	144.0%
N北摩	32.44	23.97%
京威股份　R	3.77	19.47%
供銷大集	2.92	18.27%
堅瑞沃能	1.77	18.02%
安集科技　K	210.00	15.57%

　　振幅小的股票，雖然目前走勢相對呆滯，但如果處於築底階段，則非常有利於主力資金收集籌碼。當主力建倉完畢，進入拉升階段時，就會華麗轉身為升勢凌厲、股性活躍的大振幅個股。而一些主力資金尋求減倉或出貨的股票，往往會有極大的振幅。主力利用大幅震盪吸引市場資金的注意力，從而借機減倉或出貨。對此，投資人不可不慎防。

8-5

發現盤中的熱點板塊

　　當市場行情處於上漲趨勢運行過程時，交易軟體中的漲幅排名，對於盯盤的短線投資人選股，和分析市場狀況具有較大的幫助。

　　每天在漲幅榜前幾名的，都是當前股價表現較好的個股。經由分析漲幅榜中的個股，投資人能夠發現其是否有熱點板塊的特徵。如果是板塊的集體啟動，首選龍頭股；如果龍頭股已經漲停，則可以選擇技術指標較強的板塊內的其他個股。

　　圖 8-24 為某日漲幅榜前十名的個股排行，雖然個股的細分行業上顯示不出有什麼共同點，但其中大部分個股都具有虛擬實境這個概念。

圖 8-24　漲幅榜

▼	代碼	名稱	現價	漲幅%	漲跌	換手%	量比	現量	總量	買價	賣價	最低	最高	昨收	細分行業
1	300792	N壹網	55.15	43.99	16.85	0.10	0.00	6	210	55.15	--	45.96	55.15	38.30	互聯網
2	688333	鉑力特	81.80	17.04	11.91	29.56	1.31	1273	53085	81.80	81.81	69.25	82.10	69.89	機械基件
3	002504	弘晶創意	3.17	10.07	0.29	4.79	4.40	100	198417	3.17	--	2.87	3.17	2.88	裝修裝飾
4	002699	美盛文化	5.91	10.06	0.54	1.88	4.30	45	138445	5.91	--	5.38	5.91	5.37	廬裝
5	600363	聯創光電	13.04	10.04	1.19	6.05	1.73	220	268206	13.04	--	11.84	13.04	11.85	元器件
6	603933	睿能科技	18.65	10.03	1.70	27.05	1.45	328	136079	18.65	--	17.50	18.65	16.95	紡織機械
7	002581	未名醫藥	7.46	10.03	0.68	3.42	1.39	387	136982	7.46	--	6.81	7.46	6.78	生物製藥
8	002152	廣電運通	8.23	10.03	0.75	3.43	1.11	1642	820036	8.23	--	7.55	8.23	7.48	IT設備
9	300576	容大感光	24.26	10.02	2.21	15.08	0.82	261	60516	24.26	--	22.31	24.26	22.05	染料塗料
10	002326	永太科技	9.66	10.02	0.88	5.91	2.56	645	393672	9.66	--	8.73	9.66	8.78	化工原料

　　中國市場盛行概念炒作，如果投資人加入炒作過程，要注意分析目標個股代表的上市公司，是真正具有某一概念的實質內容，還是完全屬於炒作。對於跟風炒作的個股，投資人要高度警覺風險，或者不參與其中。

　　漲跌幅排名在實戰中，還有以下幾個方面的作用。

1.分析漲幅榜排名靠前的是大型股還是小型股，確定行情的性質，從而選擇介入對象。

2.在漲幅榜中排名靠前的個股，如果同時出現在委比排名和量比排名中，是我們應特別關注的對象。

3.投資人在看漲幅榜排名的同時，不妨也關注一下跌幅榜排名，並將二者漲停板、跌停板的數量進行對比，從而有效預測大盤當前走勢的強弱度，確定當天是否適合買入股票。

例如，今日漲幅榜排名中漲停板個股的數量，是否超過跌停板個股的數量。也就是當日表現最好的股票，是否比表現最差的股票多。如果漲停板多，說明市場處於強勢，如果漲停板的數量隨著交易時間的推移仍在不斷地增加，則市場趨勢呈現上揚的局面無疑。

如果隨著交易時間的推移，漲停板家數逐漸減少，或者跌停板家數在增加，說明市場走勢正在發生逆轉。如果當日跌停板個股多，而漲停板個股少，則市場必然處於弱勢之中。

4.注意當日跌幅榜上排名靠前的個股，並分析其性質和構成，比如，是否有板塊特徵等，以確定是否會引發更大範圍的跌勢。

圖 8-25 所示的是某日跌幅榜排在前十名的個股，這些個股並無明確的板塊或概念特徵，由此大致可以判斷其下跌多是源於個股自身的因素。

圖 8-25　跌幅榜

3667	300404	博济医药	19.17	-10.00	-2.13	0.39	0.04	38	4279	--	19.17	19.17	19.17	21.30	医疗保健
3668	000909	数源科技	8.73	-10.00	-0.97	16.49	1.66	3970	512883	8.73	8.74	8.73	9.28	9.70	综合类
3669	300748	金力永磁	37.25	-10.00	-4.14	0.66	0.77	5126	16813	--	37.25	37.25	37.25	41.39	元器件
3670	002761	多喜爱	9.88	-10.02	-1.10	0.13	0.03	35	4323	--	9.88	9.88	9.88	10.98	纺织
3671	000785	武汉中商	9.88	-10.02	-1.10	1.97	0.90	231	49406	--	9.88	9.88	9.88	10.98	百货
3672	002786	银宝山新	11.76	-10.02	-1.31	15.07	1.18	1028	572347	--	11.76	11.76	13.56	13.07	专用机械
3673	300282	三盛教育	13.28	-10.03	-1.48	9.13	1.39	858	333368	--	13.28	13.28	14.98	14.76	文教休闲
3674	600353	旭光股份	6.19	-10.03	-0.69	12.54	3.53	1893	681701	--	6.19	6.19	7.03	6.80	元器件
3675	000996	中国中期	10.67	-10.03	-1.19	0.72	0.16	301	24755	--	10.67	10.67	10.67	11.86	汽车服务
3676	002676	顺威股份	3.66	-10.07	-0.41	7.70	2.37	1018	554622	--	3.66	3.66	4.05	4.07	塑料

同時，投資人還可以經由觀測綜合排名，來發現個股或板塊熱點。綜合排名的內容非常豐富，既有以監測資金流動為主的資金欄位（見圖

8-26），還有綜合多項指標的基本欄位（見圖8-27）。對於習慣短線交易的盯盤者來說，綜合排名是分析市場和強勢個股不可錯過的窗口。

圖8-26是綜合排名的資金欄位，展示了不同管道、不同時間的資金流動的排名。經由分析資金欄位，能夠從中發現資金主要流動的方向，以及即時受到資金強烈關注的個股。比如，經由分析5分鐘淨流入排名，可以看到即時市場中資金淨流入最高的個股是哪些。

投資人可以進一步分析這些個股，看看是具有板塊特徵的異動，還是只是個股異動，從而判斷出資金流入該股是主力資金的吸納，還是市場遊資的熱炒。

如果一些封住漲跌停板的個股出現在尾盤時間段，那麼投資人必須注意，這些個股即使當日不開板，次日也可能出現變化。因為畢竟能夠被列入這個榜單的，都是當前市場中最受資金關照的熱門個股。

圖 8-26　綜合排名的資金欄位

綜合排名								
基本栏目　资金栏目			综合排名 - 沪深A股					
资金净流入排名			**5分钟净流入排名**			**5分钟换手排名**		
万科A	R	26.86　3.68亿	祁连山	R	17.14　5665万	创业黑马		27.77　1.57
建设银行	R	6.42　3.02亿	长电科技	R	22.90　2133万	金健米业		10.36　1.44
京东方A	R	3.57　2.98亿	海康威视	R	31.17　2009万	容大感光		46.00　1.38
大康农业	R	2.62　2.94亿	中银证券	N	18.46　2008万	阿尔特	N	16.61　1.36
通威股份	R	14.18　2.73亿	大康农业	R	2.62　1575万	中源家居		39.50　1.35
中国平安	R	74.00　2.73亿	供销大集	R	2.92　1388万	朝阳科技		34.80　1.32
大宗净流入排名			**5分钟大宗净流入**			**资金净买率**		
万科A	R	26.86　3.59亿	祁连山	R	17.14　5743万	神马电力	N	23.88　7.08
中国平安	R	74.00　2.85亿	长电科技	R	22.90　2196万	中源家居		39.50　5.90
招商银行	R	35.02　2.60亿	海康威视	R	31.17　1907万	神驰机电	N	39.05　3.83
京东方A	R	3.57　2.52亿	中银证券	R	18.46　1887万	美芝股份		18.38　3.57
通威股份	R	14.18　2.42亿	达安基因	R	23.30　1460万	梦舟股份		1.13　3.46
水晶光电	R	14.17　2.39亿	大康农业	R	2.62　1254万	朝阳科技	N	34.80　2.91
非大宗净流入排名			**5分钟非大宗净流入**			**资金净卖率**		
建设银行	R	6.42　1.56亿	供销大集		2.92　711万	锐新科技	N	26.80　-13.34
先导智能	R	34.80　1.54亿	京沪高铁	N	6.35　507.6万	上能电气		47.22　-7.21
大秦铁路	R	7.08　1.31亿	闻泰科技		97.01　491.6万	九洲电气		6.52　-6.36
光大银行	R	3.73　1.29亿	华控赛格		3.53　489.8万	硕世生物	K	118.00　-4.76
工商银行	R	5.15　1.01亿	迈瑞医疗	R	264.70　447.3万	名臣健康		14.23　-4.65
汇顶科技	R	225.80　9990万	歌尔股份	R	18.21　437.5万	安奈儿		12.47　-4.46

圖8-27所示的是綜合排名的基本欄位，其中涵蓋了多項數據指標，比如量比、委比等。基本欄位中的今日漲幅、跌幅排名，選取了漲跌幅榜中前

六名的個股，能夠讓投資人更清楚某一交易時段，當前市場最強和最弱的個股的分佈情況。

　　基本欄位中的 5 分鐘漲速、跌速排名，是指市場上 5 分鐘內漲速或跌速最快的個股排名。投資人可以在行情軟體中對漲速、跌速排名進行設置，比如，將 5 分鐘漲速、跌速排名，調整為 1 分鐘或 3 分鐘漲速、跌速排名等。

　　對於盯盤者來說，5 分鐘漲速、跌速排名是短線選股的利器，運用這個排名，投資人幾乎可以在第一時間發現市場上異動的股票或板塊。比如，如果同一板塊多支個股同時或先後出現在排名中，則說明該板塊正受到資金青睞或遭到資金打壓。

　　當長時間走勢低迷、成交冷清的個股偶爾出現在 5 分鐘漲速排名中，也許不足為奇，但是如果之後的幾個交易日中時常出現，可能正被資金關照，投資人可積極追蹤。相反地，如果一些大漲後的個股時常在 5 分鐘漲跌速排名中露頭，那麼應有所警惕，主力資金可能正在尋求減倉或出貨。

圖 8-27　綜合排名的基本欄位

綜合排名								
基本欄目　資金欄目			綜合排名 - 滬深 A 股					
今日漲幅排名			5分鐘漲速排名			今日委比前排名		
N光云	K	38.03	252.1%	中国海诚	7.32	6.71%	正川股份	16.54	100.00
N万泰		12.60	44.00%	中源家居	39.50	5.47%	世运电路	22.46	100.00
N北摩		32.44	43.99%	北京文化 R	7.69	5.34%	江苏新能	10.18	100.00
贵人鸟		2.92	10.19%	商业城	4.23	2.42%	锦和商业 N	10.32	100.00
栖霞建设 R		3.47	10.16%	天广中茂	0.88	2.33%	诺力股份	18.46	100.00
中信重工		3.81	10.12%	德展健康	5.37	2.29%	DR汇金通	12.88	100.00
今日跌幅排名			5分鐘跌速排名			今日委比后排名		
同济堂	R	3.12	-10.09%	*ST凯瑞	5.59	-2.44%	*ST中华A	3.35	-100.00
天夏智慧		2.86	-10.06%	金字车城	11.66	-2.43%	深 赛 格	6.31	-100.00
弘高创意		2.60	-10.03%	N光云	38.03	-2.19%	农 产 品	8.00	-100.00
商赢环球 R		7.98	-10.03%	平庄能源	2.08	-1.89%	ST宜化	2.61	-100.00
沃华医药		12.29	-10.03%	ST地矿	4.28	-1.61%	*ST华映	1.62	-100.00
全信股份		9.60	-10.03%	*ST天马	1.45	-1.36%	*ST宝实	2.03	-100.00
今日量比排名			今日振幅排名			今日总金额排名		
中迪投资		5.97	15.58	N光云 K	38.03	144.0%	伊利股份 R	29.29	54.2亿
宜华生活 R		1.71	9.03	N北摩 K	32.44	23.97%	五 粮 液	135.50	39.8亿
山源家居		39.50	7.81	京威股份 R	3.77	19.47%	中国平安 R	74.00	39.2亿
乐山电力		5.05	5.72	供销大集	2.92	18.27%	东方财富	17.48	34.1亿
哈尔斯		4.57	5.71	坚瑞沃能	1.77	18.02%	贵州茅台 R	1274.90	29.8亿
珈伟新能		3.45	5.56	安集科技 K	210.00	15.57%	立讯精密 R	46.10	27.1亿

8-6

收盤規則與尾盤異動

收盤規則

滬深股票市場的收盤也有其規則。2018 年之前，滬市和深市的收盤規則並不相同。深市收盤規則採取集合競價交易，這一點和開盤競價一樣。每個交易日的 14 時 57 分至 15 時，這最後的 3 分鐘是深市集合競價時間，深市收盤價會在最後 3 分鐘的集合競價後產生。

2018 年之前，滬市收盤規則沒有採用集合競價，收盤價為當日該證券最後一筆交易前 1 分鐘所有交易成交量的加權平均價（含最後一筆交易）。當日無成交的，以前一日收盤價為當日收盤價。2018 年 8 月 20 日後，滬市收盤也採取集合競價。

尾盤異動

一些喜好短線交易的投資人盯了一天的盤都不交易，卻往往會在尾盤才開始進行交易。

但在實戰中，進入尾盤時間段時，一些個股會一反常態，在尾盤有限的時間裡，掀起一波風浪。對於尾盤出現異動的股票，投資人需要注意以下事項：第一，當大勢趨弱時，不追尾盤急升股，寧可錯過，不可做錯；第二，當大勢趨弱時，不盲目搶急跌股的反彈，即所謂空中飛刀不可接。

異動個股給予市場的預期是，這種強勢表現將會延續到下一個交易日。

但在實際操作中，並不是所有的個股在下一個交易日都會延續股價的強勢。

在現在的市場中，不少個股的異動會提前出現在每個交易日最後1小時。無論是尾盤異動，還是最後1小時異動的股票，都無非是指兩種情況：突然上漲和突然下跌。

1. 突然上漲

個股最後1小時急速上漲，但翌日的表現卻不盡相同，帶給投資人不解的疑團。下面我們就這種突然拉升做簡要分析。

(1) 試盤

個股全天表現疲軟或下跌，但最後1小時卻突然出現拉升，給昏昏欲睡的持倉者帶來意外驚喜。但在隨後的交易日，多數個股不能延續升勢，並開始回落，甚至可能回落到之前啟動的位置。

如果這種方式的拉升出現在不被人關注的底部股票上，那麼大多是主力的一種試盤動作。雖然這不能代表次日一定會上漲，但起碼說明該股有主力正在運作，這一點對於投資人尋覓主力入駐的個股很有幫助。

如圖 8-28 所示，該股當日低開後下跌，其後時間股價在低位震盪。收盤前，股價突然開始向上快速拉升，不但收復昨日收盤價，還繼續漲升 2% 以上。在當日走勢較弱的情況下，最後1小時的突然放量拉升至少能夠告訴我們，該股必有主力資金參與。結合該股 K 線圖等技術因素分析，該股處於股價相對底部，那麼這個拉升就極有可能是主力的試盤行為。

(2) 上漲的訊號

當個股處於升勢途中的盤整階段時，某日突然尾盤急升、成交放量，沒有消息刺激的情況下，極有可能是主力全力拉升的訊號。

這種股票的拉升速度、幅度都相當驚人，甚至會出現從跌停到漲停的極端形式。如圖 8-29 所示，該股全天大部分時間都處於跌勢中，一度封住跌停板。但是在接近尾盤時，股價突然急速拉升，並最終封住漲停板。

主力選擇這種方式拉升，有幾個方面的考慮：第一，利於短時間內迅速脫離低位；第二，勾起市場資金的好奇心，吸引尾盤和第二天的跟風盤參與助漲；第三，尾盤拉升既能節省成本，又具有良好的造勢效果。

圖 8-28　試盤

圖 8-29　上漲訊號

(3) 護盤

在大環境不佳的氛圍中，主力的日子也不好過，所以投資人往往會利用最後 1 小時或者尾盤的時間段拉升股價，來維護個股的短期趨勢。這麼做有兩個好處：一是相對來說比較節省護盤成本，二是投資人可以利用股價的回升穩定持倉籌碼、避免在關鍵價位爆發集中性賣出。主力的資金並不是取之不竭的，稍有不慎便會出現爆倉，導致資金鏈斷裂。

如圖 8-30 所示，該股早盤出現急跌，隨後股價快速回升，但在之後的交易時間裡，股價維持著橫向小幅震盪的態勢，直至尾盤才再度回升。

護盤的主力資金，其目的並不相同：一部分主力資金護盤是為了吸引短線跟風資金，從而為自己創造減倉機會；還有一部分主力資金護盤是為了再次拉升股價。

如圖 8-29 所示，該股早盤和尾盤的兩次回升存在收集籌碼的跡象。我們很難相信，一個意在出貨的主力，或者不存在主力運作的個股，能在交易相對冷清的情況下，出現規律性運轉的痕跡。

圖 8-30　護盤

(4) 意在出貨

主力出貨的個股,其股價一般在高位,或是前期剛剛經過大幅上漲的熱門股。如果準備上漲的個股,所做的尾盤拉升還有含蓄的成分,那麼這類意在出貨的個股,其所做的尾盤拉升則極盡生猛之勢,生怕別人不注意。

主力以對敲的方式拉高股價,股價被拉高後,賣盤上所掛的賣單並不大,卻總是買不完;下面的買單很大,但只是掛在下面並無明顯的變化,投資人只能選擇市價即時買入。

如圖 8-31 所示,該股在最後 1 小時開始緩慢脫離昨日收盤價,並在尾盤出現一波急速拉升,最後 1 小時升幅達到 8% 以上。該股尾盤出現這種大幅度的拉升,為什麼還會被認為是主力意在出貨呢?

如果僅憑單日分時走勢,我們是無法確定這一點的,需要用 K 線圖綜合分析。圖 8-32 為該股 K 線圖,A 點所示就是圖 8-31 中分時走勢形成的 K線。如圖所示,在 A 點股價反彈當日,量能並未明顯放大,顯示出增量資金並不踴躍。相比股價最高點(代表主力出貨意圖的成交量),A 點的量能極其平常,顯示主力並不願大幅增加籌碼。

圖 8-31　意在出貨

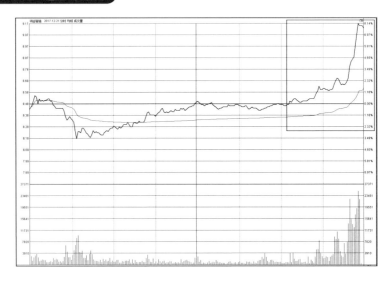

在 A 點，K 線突破上方的 60 日均線，給了投資人一絲股價反攻的希望，但次一交易日卻顯出上漲乏力的疲態，結合股價出貨高點並不遙遠來看，期望上漲只能是一種奢望！這種反彈只能說明，主力想把籌碼賣個好價錢，從而進行騙線。

圖 8-32　意在出貨的 K 線圖

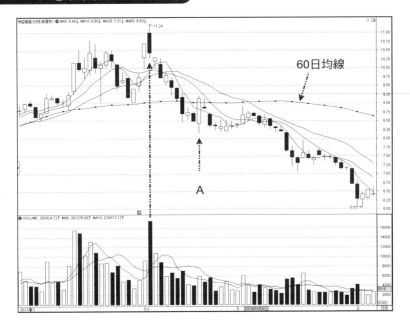

2. 突然下跌

(1) 吸籌

個股在大部分時間運行得都很平穩，但在交易日的最後 1 小時或者尾盤突然出現急速下跌。如果個股的股價處於長期下跌的低位，並且個股正處於構建底部的過程中，那麼由此帶來的集中賣出的恐慌情緒，能夠為主力帶來極其難得的吸籌良機。如圖 8-33 所示，該股在當日大部分交易時間裡，都在前一日收盤價附近震盪，但進入當日最後 1 小時後，股價突然出現一波急速下跌，直至收盤價維持在當日低點附近。

圖 8-33　吸籌

　　股價突然下跌，必然會使摸不著頭緒的投資人恐慌性賣出，因為害怕有自己不知道的利空消息，或者擔心該股次日會繼續發生這種急跌情況。

　　市場上投資人的這種恐慌情緒正是主力資金想要的，由此形成的恐慌性賣出正好有利於主力收集籌碼。

　　在圖 8-34 中，A 點所示就是圖 8-33 中分時走勢形成的 K 線。我們可以看到，在圖 8-34 中，之前曾出現過一根和 A 點處類似的黑 K 線，之後股價反彈，到 A 點又出現一根看起來讓人絕望的黑 K 線，幾乎可以剿殺多數投資人繼續持倉的信心。

　　實戰中，投資人買入經過長期下跌過程的個股後，如果確定中長線持倉的話，那麼要儘量少看盤、不盯盤，以免被主力製造的恐怖走勢所干擾。

(2) 出貨前奏

　　在上漲趨勢末期，行情並未進入明顯趨壞的階段。主力利用個股股價的突然跳水，能夠讓很多仍舊習慣逢低買入的投資人，以搶反彈的心態積極買入，或者讓持倉的投資人來不及減倉。

圖 8-34　吸籌 K 線圖

　　如圖 8-35 所示，該股當日大幅低開後，股價維持橫向震盪。因為該股股價一直處於升勢中，所以當日這種盤面給予投資人「股價隨時都會反彈」的希望，也就讓很多投資人不忍賣出持倉，甚至有的人還會逢低買入。

　　但當時間進入尾盤階段時，看起來穩定震盪的股價走勢突然發生向下急跌，並封住跌停板。如圖 8-36 所示，A 點處的 K 線為圖 8-35 中分時走勢形成的 K 線。類似 A 點處這種突然急跌的個股，如果前期剛剛經過大幅上漲，投資人就要注意該股可能是主力資金出貨。

(3) 洗盤

　　主力在拉升之前，要經由各種手段清理低位籌碼，為拉升減輕不必要的壓力。這種尾盤跳水意在清理浮籌，所以勢必造成投資人對市場資金的恐慌情緒，其尾盤的跳水往往非常兇悍，讓投資人誤以為有利空消息或其他不利因素而紛紛賣出籌碼。

　　但這種跳水和出貨式的尾盤跳水相比有以下區別：一，股價在相對較低

圖 8-35 出貨前奏

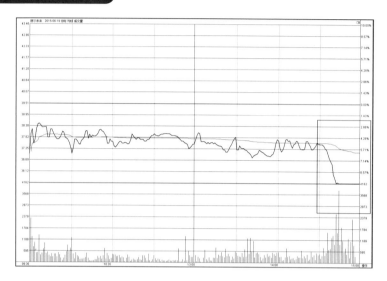

圖 8-36 出貨前奏 K 線圖

的位置；二，短期內未經大幅拉升，K線圖上有明顯的底部結構。

如圖 8-37 所示，該股尾盤突然出現急速下跌，之後股價雖略有回升，但仍處於當日股價低點附近。經由分析該股 K 線圖可知，其股價經過一波整理後處於相對低位，並保持著上漲趨勢，並未出現明顯轉勢的跡象。所以我們基本上可以判斷，該股的尾盤急跌應為主力洗盤行為所致。

實盤中，該股次日便開始回升，並由此展開一輪凌厲的上升行情。

圖 8-37　洗盤

1分鐘重點複習

8-1 巴菲特曾將股票市場比作打撲克牌:「如果你玩了一陣子後,還看不出這場牌局裡的傻瓜是誰,那麼這個傻瓜肯定就是你。」

8-2 博弈是股票市場的特性,是資金的戰爭。叢林法則下,如果投資人不能成為以獵食為生的狼,那麼必將成為狼的獵物。

8-3 開盤是新的一天交易的開始,很多主力會選擇在這時露幾手。

8-4 強與弱總是處於變化之中,個股在不同階段,必然呈現出不同的態勢。

8-5 一些產業或技術新概念的提出,往往會引發相應股票的波動,如果投資人想參與,要注意分析目標個股代表的上市公司,是真正具有某一概念的實質內容,還是完全屬於炒作。對於跟風炒作的個股,投資人要有所警覺,或者不參與其中。

8-6 尾盤並不等於可以放棄的「垃圾時間」。

存好股，
第一重要就是「看基本面」

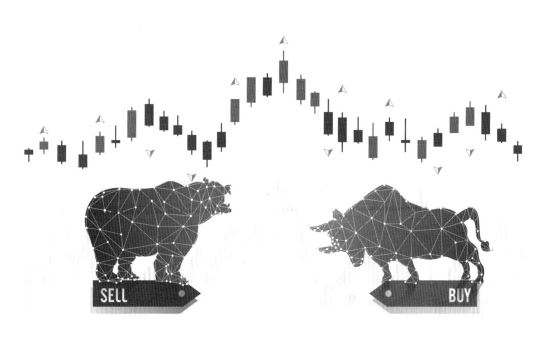

9-1

選股，不可忽略基本面

　　在股票市場上，不是任何時候、任何股票都可以隨意操作，只有投資人切實瞭解和掌握了「好股票」才可以出手，否則就應當「不為」。

　　那麼，什麼樣的股票是好股票呢？好股票的概念比較籠統，針對不同類型的投資人，好股票的概念也有很大的差異。

　　第一，激進型的短線投資人，較注重個股技術面特徵，喜歡股性活躍的、大幅震盪的、逆勢異動的個股。

　　第二，穩健型的中長線投資人正好相反，他們往往同時注重股票的基本面與技術面，淘汰問題股和風險較大的股票，選擇業績穩定且技術面符合要求的股票。

好股票通常具備的特徵

　　1. 動態市盈率（本益比）低：市盈率是某種股票每股市價與每股獲利的比率。動態市盈率是以公司未來獲利為基點，測算出來的市盈率。市盈率越低，表示公司獲利狀況越好，估值越有優勢。

　　2. 市淨率低：市淨率＝股票市價／每股淨資產，市淨率越低的股票，其投資價值越高。

　　3. 淨資產收益率：淨資產收益率又稱股東權益收益率，是淨利潤與平均股東權益的百分比。該指標可以反映出股東權益的獲利水準，指標值越高，表示該投資項目帶來的獲利越高。

　　如圖 9-1，該股近幾年淨資產收益率都在 20% 以上，遠高於該行業淨資產收益率的平均值，顯示出獲利能力極為強勁，在行業中應屬龍頭企業之一。投資人可特別關注這類獲利能力強、業績優秀的公司。

圖 9-1　淨資產收益率

財務指標	2020-03-31	2019-12-31	2018-12-31	2017-12-31
審計意見	未經審計	標準無保留意見	標準無保留意見	標準無保留意見
淨利潤（萬元）	400216.85	738282.27	811518.98	662717.00
淨利潤增長率（％）	-0.4625	-9.0246	22.4533	13.7288
營業總收入（萬元）	926816.71	2312647.69	2415980.20	1991794.22
營業總收入增長率（％）	-14.8900	-4.2700	21.2967	15.9158
加權淨資產收益率（％）	11.1500	21.2100	25.9500	24.0800
資產負債比率（％）	23.2379	31.7341	21.1591	31.8166

　　4. 公司發展前景良好、行業景氣度較高：投資人選擇這一類型的股票，其近期的業績較有保障，即使從短線選股的角度來說，選擇這類個股也不至於遭遇業績「地雷」。

　　5. 國家宏觀經濟的影響：國家宏觀經濟政策對目標上市公司是扶持還是調控，對該行業的上市公司其前景和業績，有決定性影響。

　　如圖 9-2 所示，這家公司獲得國家及地方政府的大力支持，進入半導體封裝基板領域，填補了國家在封裝基板領域的空白，在新基建、半導體國產化、5G 通信、數據服務普及中得以加速發展。股價也隨著該上市公司的蓬勃發展，保持著向上漲升的趨勢。

　　6. 現金分紅和配股情況：很多上市公司只知道賺錢，從不願意回報投資人；但也有些上市公司每年都大比例分紅，以回報投資人，這樣的上市公司是令人尊敬的公司，也值得特別關注。

　　如圖 9-3 所示，該股自 2001 年上市以來累計分紅 18 次，累計分紅金額達 751.72 億元。

　　7. 資產注入和重組：如果資產注入或重組，能使公司的獲利能力和發展前景有較大的進步，那麼這樣的公司也值得關注。

圖9-2　經濟政策扶持的行業

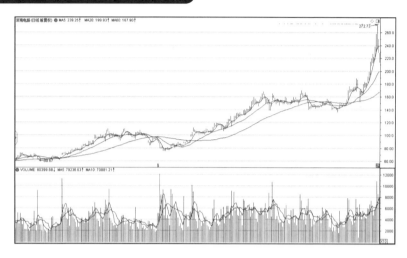

　　資產重組的概念一向都是市場熱炒的對象，投資人選擇這類股票要注意兩點：第一，資產重組對公司基本面的看好是否有實質性的改善；第二，如果漲幅過大，則投資人不宜追漲。

　　8. 現金流量：哪家公司賺到了真金白銀，哪家公司就擁有持續發展的原動力。經由現金流量這個財務指標，投資人可以輕易地分辨出企業獲利的具體情況。

　　現金流量一般包括經營活動產生的現金流量、投資活動產生的現金流量和籌資活動產生的現金流量。

　　經由分別計算這三種流量所占的比重，一是能夠清晰地瞭解現金的主要來源；二是能夠具體地瞭解企業的現金用於哪些方面，從而使投資人對公司的具體經營情況有一個大致的瞭解。

　　圖9-4所示的是某股的現金流量，投資人可經由表中不同年份對比分析，來瞭解公司現金流量的增減變化的具體情況。其中顯示的只是某公司的簡要財務指標，如果投資人想要瞭解現金流量的具體情況，需要對該公司財務報告中的現金流量表進行分析。

圖 9-3　分紅

分紅年度	分紅方案	每股收益（元）
2019-12-31	進展説明：預案 10派170.25元（含稅） 預案公布日：2020-04-22	32.800
2019-06-30	是否分配：不分配 進展説明：決案	15.8800
2018-12-31	進展説明：實施 10派145.39元（含稅） 股權登記日：2019-06-27 預案公布日：2019-03-29 股東大會審議日：2019-05-29 股東大會決議公告日：2019-05-30 實施公告日：2019-06-22 除權除息日：2019-06-28 紅利發放日：2019-06-28	28.0200

圖 9-4　現金流量表摘要

指標（單位：萬元）	2020-03-31	2019-12-31	2018-12-31	2017-12-31
銷售商品收到現金	2186600.60	9498013.86	8426869.57	6442147.93
經營活動現金流入	1961804.99	9944443.72	8934563.54	6736946.25
經營活動現金流出	1731494.05	5423382.45	4796040.10	4521642.64
經營活動現金淨額	230310.94	451061.26	4138523.44	2215303.61
投入活動現金流入	–	735.92	1124.42	2144.71
投資活動現金流出	42022.53	317304.49	164020.69	114209.23
投資活動現金淨額	-42022.53	-316568.57	-162896.27	-112064.52
籌資活動現金流入	–	833.00	-	600.00
籌資活動現金流出	45123.44	2011740.28	1644109.32	890517.79
籌資活動現金淨額	-45123.44	-1928440.28	-1644109.32	-889917.79
匯率變動的現金流	-0.12	2.72	2.90	7.29
現金流動的淨額增加	143164.85	2276055.13	2331520.75	1213328.59

建立自己的股票池

　　投資人在看盤分析過程中，可以建立幾個不同類型的股票池，在節省時間和精力的前提下，發現當前市場發生什麼事、有哪些異動板塊。

1. 符合國家宏觀經濟政策、產業政策行業龍頭、壟斷性公司的股票

這些基本面優良的股票，往往潛移默化地影響著行情的運行方向，同時，這些股票一旦出現價值低估時，投資人就可以及時發現介入時機。

2. 大型股

投資人建立股票池有時不是為了買進，而是把它當成市場運行趨勢的重要指標進行觀察。市場上所謂的二八現象，就是指這些權重股和其他流通股本較小的股票，對於大盤行情漲跌的影響和二者之間的轉換關係。同時，大型股多為基金和大機構持倉，觀測大型股也就可以觀測到這些大資金是否存在異動。如圖9-5所示的，是對大盤指數有較大影響的部分權重股票。

圖 9-5　大型股股票池

代碼	名稱	現價	漲幅%	漲跌	換手%	流通股（億）↓
601288	農業銀行	R3.46	0.58	0.02	0.04	2940.55
601398	工商銀行	R5.17	0.39	0.02	0.04	2696.12
601988	中國銀行	R3.48	0.58	0.02	0.04	2107.66
601857	中國石油	R4.44	1.37	0.06	0.05	1619.22
600028	中國石化	R4.46	0.45	0.02	0.13	955.58
000725	京東方A	R3.76	5.32	0.19	2.68	338.61
600000	浦發銀行	R10.63	0.19	0.02	0.11	281.04
601766	中國中車	R6.19	0.98	0.06	0.11	243.28
600019	寶鋼股份	R4.87	2.10	0.10	0.13	221.56
600900	長江電力	R17.45	-0.91	-0.16	0.07	220.00

3. 潛力個股

這類股票目前從技術面來看沒有任何啟動的跡象，但其符合國家政策指向，公司內部管理機制完善，外部獲利能力較好。雖然目前股價低迷，技術面上尚未發出買點提示，但投資人不妨長線追蹤，等待較佳買點的出現。

4. 股性活躍的股票

　　這類股票以小型股、題材股居多，往往會有突如其來的價格異動，有時會帶動整個板塊的上漲。但這些個股經常會出現大起大落，投資人必須觀察並掌握其運行規律，才有可能在第一時間抓住短線獲利的機會。

　　在股票市場上，往往會隨著國家有關政策的推出，湧現出各種的概念和題材。在實戰中，操作技術一般的投資人要儘量避免參與板塊炒作，而應重點著眼於有國家、地方政府政策指引或扶持的公司。這些公司將獲得巨大的發展機遇，受益於公司基本面的改善，其股價也將有明顯的變化。

　　對於純屬市場炒作的概念板塊，投資人應以短線操作為主，或乾脆不介入。如圖 9-6 所示，在 5G 概念被熱炒的影響下，該股股價也一飛衝天，但隨著 5G 概念炒作風潮的降溫，其股價也隨之跌落。

圖 9-6　概念炒作

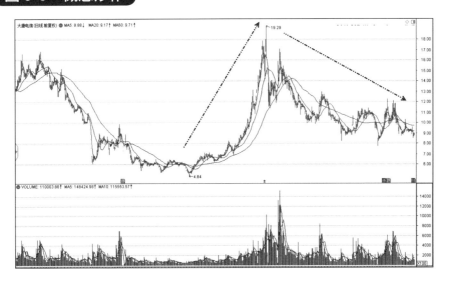

5. 具備技術特徵的個股

　　在技術面上，投資人可以選擇一些趨勢發生轉折、起漲結構完備或者具有波段特徵的個股來構建股票池，比如箱體運行的個股。市場上總會有這麼

一類股票，它們的運行軌跡在一定時間段內被固定在某個價位區間內，將其波動的高點和低點相連，就像一個箱子。經由觀察和跟蹤箱體運行的股票，投資人可以捕捉其波段利潤。

如圖 9-7 所示，該股經過長期大幅下跌後，於股價底部低點構築一個箱體運行結構。當股價在箱體內運行時，投資人可採取高賣低買進行波段操作。當投資人發現股價震盪的高點和低點不斷抬升、逐漸脫離箱體時，應該明白該股可能已經發生趨勢轉折。

圖 9-7　箱體運行的個股

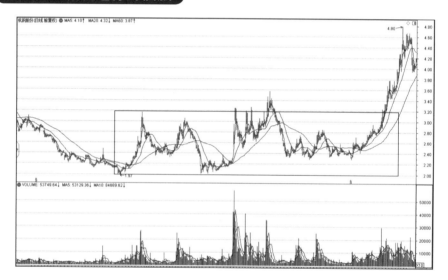

需要注意的是，投資人選擇箱體運行的個股時，應儘量選擇經過長期大幅下跌的個股，對於一些在股價高位構築箱體運行的個股，要保持警覺。

如圖 9-8 所示，該股於股價高位構築了一個箱體運行結構，其中股價高點和低點具有相當大的利潤空間。但股價一旦向下脫離箱體運行，而投資人不能及時賣出的話，將會遭受很大的損失。

投資人還可以將已經走出下跌趨勢，上漲趨勢構築已經完成或接近完成的個股納入股票池。這類個股上漲趨勢的底部構築已經完成或接近完成，介

圖 9-8　股價高位箱體運行的個股

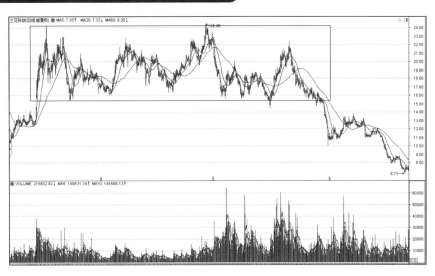

　　於強勢與準強勢個股之間，同時相對漲幅不大，比較有利於投資人中長線介入或波段性操作。將這類個股納入股票池後，經過一段時間的追蹤觀察，投資人可以從技術細節上再精挑細選，最終確認目標個股。

　　判斷此類個股，投資人可以採用均線和趨勢線作為基準，比如選用 120 日和 250 日均線。如圖 9-9 所示，該股股價一直在 120 日均線和 250 日均線的壓力下運行，A 點股價成功突破兩條長期均線的壓力，並由此獲得支撐，B 點股價回落得到均線支撐再一次確認支撐有效。至此我們基本可以認定，該股已經脫離下跌趨勢並轉入上漲趨勢的運行過程中。

　　投資人可以將與圖 9-9 中個股形態相類似的個股加入股票池，繼續追蹤觀察並尋找適宜的介入時機。

　　實戰中有一些個股形態複雜難辨，如圖 9-10 所示，A 點方框處股價震盪盤整，120 日均線和 250 日均線上下盤繞，既未能確立多頭排列的形態，也很難確認對於股價具有支撐作用，該股形態一時難以認定。

　　這種情況下，投資人可以將股價最近高點連線畫出一條下跌趨勢線，看看股價對於趨勢是否存在突破。如圖中 A 點，股價仍舊未能真正脫離下跌

趨勢的壓力，至 B 點股價上漲突破下跌趨勢線的同時，120 日均線和 250 日均線也於此時形成多頭排列。技術上發生共振不是一個常見的現象，一旦出現，必然非同尋常。本案例的該股經過震盪後，股價開啟一輪牛市行情。

圖 9-9　利用 120 日和 250 日均線選股

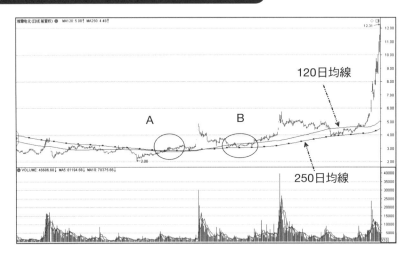

圖 9-10　複雜難辨的個股形態

9-2

短線選股，成交量活躍為首選

　　短線選股是以技術面為主導的一種選股方法。短線重「勢」，所謂的勢是指股票上漲的勢頭和力道，只有成交活躍的股票才適合短線交易。一些常年成交稀疏的冷門股、大型股，其股價波動極其微小，這類股票是短線交易的禁區，除非其有啟動跡象。

短線選股的注意事項

　　第一，迴避暴漲到高位的股票：即便在牛市，投資人也應對瘋狂炒作後的個股採取迴避的態度。這類有著巨大漲幅的個股，其風險性已遠遠大於可能得到的收益。

　　第二，謹慎參與下跌趨勢中的反彈：在下跌趨勢未徹底終結之前，很多投資人耐不住手癢而進行捉底、搶反彈，忙得不亦樂乎，卻往往虧多贏少。即便在熊市中，股價也會有很多次反彈，但其中的弱反彈是沒有參與價值的。在下跌趨勢中盲目搶反彈，也是很多投資人被深套的重要原因之一。

　　第三，當大勢看好時，要敢於介入領漲板塊的龍頭股：率先於大盤上漲的股票往往是下一階段的主升類股，介入其中的龍頭股票無疑是短線操作的優先選擇。這類股票的介入點應當選擇在上漲的初中期階段，投資人可經由基本面分析，來尋找有安全邊際的龍頭股。

短線選股的技術特徵

1. 三條均線選股法

投資人可以選取 5 日、10 日、30 日均線組成短線選股的均線系統。在這個均線系統中，5 日、10 日均線是短期均線，最能表現出股價在上漲中的強度。如果股價連這兩條均線都未能穿越並站穩，那麼所謂的上漲就是一個笑話，因為缺乏強度的上漲很難持久，通常只是構築多頭陷阱的套路。

這個均線系統只是針對短線選股而言，股價即使向下跌破 30 日均線支撐，也並不必然代表上漲趨勢發生轉折。

30 日均線是中期均線，在系統中具有最後的確認作用，既有對上漲和下跌開始的確認，也有對股價支撐力道的確認。當股價回落時，能夠得到 30 日均線的支撐，那麼個股的起漲點多數就在眼前。

如圖 9-11 所示，在 A 點，5 日、10 日均線隨著股價反彈上行，但在下行的 30 日均線上便遇阻回落。這種形態說明，30 日均線仍具有壓力，該股跌勢形態尚未得到改變，股價反彈只是弱彈，不具備短線買入的要求。

圖 9-11　均線選股

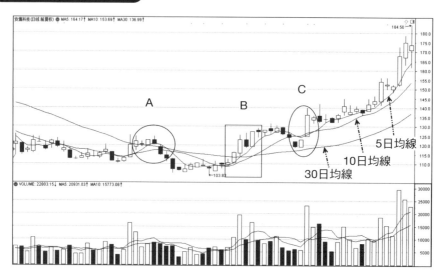

　　當股價至 B 點時，三條均線形成一個封閉空間，即為「價託」。當價託出現時，30 日均線保持平行或上行的態勢最佳，對股價的支撐力道也最強。B 點是短線的第一個買點，股價至 C 點開始回落，但在 30 日均線上得到支撐並轉為上漲，這是最為穩健的短線買點提示訊號。

　　需要提醒的是，很多個股出現價託後，並不必然會回落到 30 日均線確認支撐，有的直接轉為上漲。這時 5 日、10 日均線保持一定的空間上行，當股價日漸回落不觸及 10 日均線時，如圖 9-11 中 C 點之後的形態所示，投資人可擇機買入。

2. 成交量選股

　　在短線選股的過程中，個股量能的狀態也是投資人需要重點關注的技術點。實戰中，有一些 K 線形態很不錯的個股卻遲遲不能啟動上漲，很大一部分原因就是出在量能上。

　　如圖 9-12 所示，該股經過一段升勢後，於 A 點開始回落整理，這個階段的成交量呈不斷減少的消散狀態。在這種量能狀態下，一般不會出現短線

圖 9-12　成交量選股

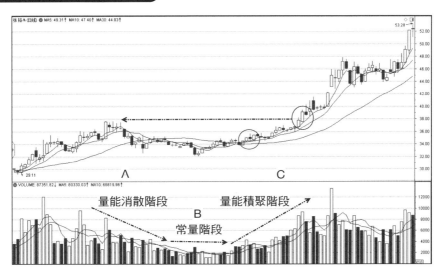

買點，同期的均線系統也不支援短線買入。

　　量能減少到一定程度後，會穩定在較低的水準上，如圖 9-12 中 B 點所示的常量階段。這個階段股價多呈盤整形態，仍然不是理想的短線買點。隨著量能的不斷積聚增大，C 點股價得到均線系統支撐，發出第一個買點提示訊號。當股價繼續上漲並突破前期高點時，這裡是短線的第二買點。

　　需要注意的是，股價突破前期高點時的成交量不能過度放大，否則突破後股價極易出現回落。這個回落的性質可能是主力資金製造的假突破，也可能只是股價的正常整理。對於短線投資人來說，不管何種性質的回落，都會給短線獲利帶來不利的影響。

　　既然突破前期高點時量能過度放大不好，那麼縮量突破前期高點時，會不會有短線買點出現呢？

　　如圖 9-13 所示，該股在上漲趨勢運行過程中，於 B 點成交放出巨量，之後股價開始回落。至 A 點時，股價再次上漲並突破 B 點創出新高，但是同期的成交量卻保持著相對穩定的態勢，並沒有超越 B 點的成交量值，之後股價繼續保持整體上漲的勢頭。

圖 9-13　縮量過頂

　　這就是一個縮量突破前高的案例，在這個案例中我們可以看到，當縮量突破前高時，無疑是可以短線買入的，甚至當股價回落不破均線支撐時，成為另一個買點。

　　但這是在我們看到了圖 9-13 中後期的股價走勢，才得以做出的判斷。如果在實戰中，我們不知道股價後市如何演變，對於類似案例中的縮量過頂該如何認定？

　　第一，分析前高放量點的性質。該股經過大幅下跌後，在構築底部結構時放出巨量。圖中 B 點這個放量長陰，有驅趕大批持倉者的作用。

　　第二，B 點之後股價回落，創出股價新低，進一步達到震懾驅趕的作用。再往後，股價反彈，成交量整體保持常量的態勢，直至 A 點股價突破，成交量才有所放大，但仍舊低於 B 點。穩定的成交量，表示籌碼不再大幅流進流出，也就佐證了盤中的流動籌碼，已經大幅集中在主力手中。

　　為什麼 A 點突破前高不放量？因為 B 點流出來的籌碼都進入了主力手中，部分成交量本就是主力對倒所致。既然 B 點的巨量都已經成為主力自己的了，那麼 A 點突破過頂當然不必放量，當然輕鬆過頂。

　　分析透了這些技術細節後，短線投資人選擇買點就會容易得多。

　　關於短線選股的技術特徵，在分時圖、量價、盯盤、K 線等章節中多有涉及，此處就不再一一舉例講解了。

9-3
中長線選股，
要看公司的內在價值

中長線選股是對以價值投資為主，能夠長時間持股的投資人而言，這類投資人出於各種原因不以短線獲利為目的，而更看重股票的中長期收益。

短線選股重「勢」，而中長線選股更重「質」。所謂的質，是指股票所代表的上市公司其內在價值。

低估值

投資人可以尋找和選擇內在價值被低估的上市公司的股票，然後長期持有，直到價格產生泡沫才賣出。優質上市公司的股票往往都不便宜，投資人的任務是選擇處於價值投資中，尚未被市場充分發掘的優質公司股票。

高成長

投資人要關注某公司未來的發展前景，不要去在意眼前的虧損或薄利，要在這家公司未成長為參天大樹之前，買入並持有它的股票，然後耐心等待收穫季節的到來。

基本面決定公司的未來發展潛力和股價的趨勢，即便其價值暫時被低估，一旦啟動，往往就是一輪行情的大牛股。

前文所講解的股票基本面分析，對於中長線投資人來說尤為重要。比如，選擇中長線個股可以先從分析國家經濟政策入手，找出符合國家政策指

向的朝陽行業，再進一步分析行業現狀，從中挑選出具有巨大潛力的公司。

　　分析個股的內在價值和是否具有高成長潛力，主要是從上市公司的報表分析和行業分析中得到。在這個過程中，投資人至少需要閱讀和分析目標上市公司近三年的報表數據，既要橫向分析，也要縱向分析，才能去偽存真，求得真實性較高的分析結論。

　　同時，投資人還可以經由分析同行業競爭對手的報表，來辨別其中的真偽。有條件的投資人可以親自到上市公司實地考察，親眼看一看上市公司的生產經營情況。這種第一手資料，往往比紙面上研判的更加真實、珍貴。

用技術分析確定介入時機

　　好股票也需要好買點。即使品質優良的股票，如果股票市場大趨勢處在牛熊轉折的風險關口上，那麼投資人也不能以價值投資的名義貿然買入。

　　比如 2015 年市場整體暴跌之時，所有的股票皆泥沙俱下。如果投資人不分趨勢地買入，必然要承受至少一段時期的煎熬和痛苦。

　　如圖 9-14 所示，該股屬於基本面較為優良的股票，但在市場暴跌下，

圖 9-14　選擇介入時機

股價也幾近夭折。如果投資人單純地以基本面來選擇股票，卻不從技術面考慮介入時機，那麼當投資人被套在股價高位、倉位發生大幅虧損時，必然要承受極大的壓力。

有人曾經向投資大師鄧普頓推薦桂格燕麥食品公司的股票，這家公司生產的食品很受歡迎。鄧普頓說：「我每天早上都吃桂格麥片，它很好，降低了我的膽固醇。桂格燕麥食品公司是一家出色的企業，每個人都知道它是一家好公司，這導致它的股價過高，我不認為這是一筆好買賣。」

這家公司的股票既有基本面的支持，又是技術面的熱點個股，說明已經被市場開發出來並充分認可。如果投資人想要介入此類個股，就必須採取高位追漲的方式，而至於投資人能夠獲取多大的收益，則不可預知。

對於中長線投資人來說，技術面和基本面在選股、選時的過程中應該相互融合、互補不足，不可絕對分割。大多數人都做的生意，不會有大賺頭。投資人如果想要獲得超額利潤，就必須做好承受巨大壓力的心理準備。

投資人在選擇了低估值、高成長的潛力個股之後，首先要確認該股所處的趨勢和階段；即股價處於下跌趨勢運行中，還是底部構造過程中，抑或是上漲趨勢運行過程中。其次，針對不同的趨勢和階段，投資人需要採取不同的介入方式和倉位標準。這些都需要投資人提前做好投資計畫和方案。

1. 上漲趨勢運行過程中介入時機的選擇

如果目標個股已經運行到上漲趨勢中後期，那麼其價值早已被市場充分認可，股價必然已經高高在上了。也就是說，這是標準的「白馬股」，而不是具有「黑馬」屬性的潛力股。

對於以中長線持倉的投資人來說，這種個股的介入時機和短線投資人的區別不大，因為已經不具備低估值的優勢，或者說優勢不再明顯。

而對於剛剛啟動上漲趨勢的個股來說，其估值優勢和高成長性尚未被市場認可，股價仍舊偏低，具備中長線投資價值。但投資人仍不可在股價急速拉升階段介入，應選擇在股價回落整理階段擇機介入。

如圖 9-15 所示，該股啟動一段升勢後，股價大幅回落整理，在 A 點受到長期均線的支撐後止跌回升，這裡應是投資人介入的第一時點。其後，在

圖 9-15　上漲趨勢初期

B 點，股價震盪盤整在中長期均線之間，成為投資人的第二介入點。

　　中長線投資人在選擇具體的介入時機時，應遵循買跌不買漲的原則，避免追漲介入，以壓低自己的介入成本。

2. 下跌趨勢運行過程中介入時機的選擇

　　如果投資人選擇的目標個股處於下跌趨勢運行過程中，那麼首先要分析下跌趨勢運行所處的階段。如果目標個股處於下跌趨勢的形成階段或中期階段，那麼投資人應儘量迴避，保持長期追蹤觀察。這個追蹤等待的時間並不算浪費，它能讓投資人進一步熟悉個股的情況，也更容易尋找到今後適宜的介入時機。

　　經過長期大幅下跌後的跌勢後期，股價有時表現得並不「安靜」，不少在這個階段的個股會出現兇悍的最後一跌。個股越是兇悍地急跌、暴跌，越是中長線投資人提前介入潛伏的時機。

　　如圖 9-16 所示，該股在跌勢的後期反而出現大角度的急速下跌，在較短時間內，股價出現大幅度的下跌。

　　當個股的下跌趨勢尚未完全結束，或尚未出現明確的底部構築階段時，

圖 9-16 跌勢末期

　　想要提前介入的投資人，必須選在類似案例中的急跌、暴跌階段。當然，前提是投資人經過事先對目標個股的基本面研究，確認該股具有低估值、高成長的優勢和潛力。

　　為什麼投資人在趨勢發生扭轉前介入，必須選擇個股的急跌、暴跌階段呢？一般來說，處於緩慢下跌過程中的個股未經過急跌、暴跌階段，也有可能開始轉升或開始築底，但同時也有繼續大幅下跌的可能。

　　而對於發生急跌、暴跌的個股，至少在短期內我們可以排除其繼續大幅下跌的可能性，即使該股日後還會出現底部低點，但短期內股價回升的可能性遠大於下跌，這可以提前讓介入的投資人有一定的調整機會和時間。

　　同時，如果投資人在趨勢發生扭轉前介入目標個股，那麼應控制介入倉位數量，不可一次性滿倉介入，因為一旦判斷錯誤，就難以彌補與轉圜。投資人少量分批介入，應是一個不錯的選擇。

3. 底部構築過程中介入時機的選擇

　　處於底部構築階段的個股，股價折返比較頻繁，介入其中的投資人應做好耐心持倉、應對股價頻繁波動的心理準備。

如圖 9-17 所示，該股歷時一年多構築的底部形態，其間股價多次發生大幅度的震盪，這也是底部構築的固有特徵。中長線投資人如果想要擁有低價的優勢，那麼就必須在震盪低點敢於提前介入，而且還要忍受住隨後多次發生的股價震盪。

在持倉的過程中，倉位整體發生虧損也是底部介入必須承擔的後果。投資人如果在這個過程中忍耐不住，不但難以等到股價真正上漲的那一刻到來，還很有可能在震盪中迷失初心，因恐慌而賣出持倉的籌碼，付出虧損的代價。

圖 9-17　底部構築階段

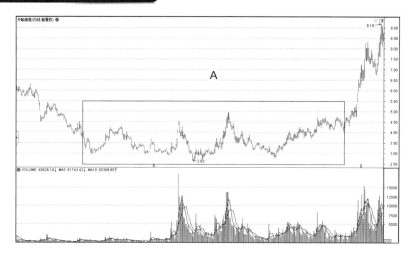

1 分鐘重點複習

9-1 「好股票」的背後，大多是一家「好公司」。

9-2 短線交易可以採取追漲的方式，但追漲追的是股票上漲的連續性，而不是那些目前漲得好的股票。畢竟能夠給投資人帶來利潤的，是買入之後漲得好，而不是買入時或之前漲得好的股票！

9-3 投資人能承受多大的壓力和痛苦，就可能收穫多大的財富。

再好的股票，
也要注意的「投資陷阱」

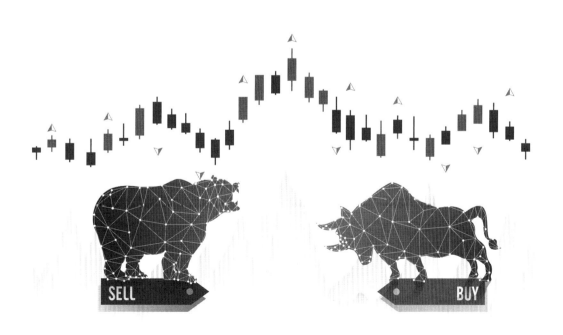

10-1

真掛單、假掛單如何區分？

　　看盤，不單是選擇好股票、察看買賣時機的過程，還包括鑑別盤面陷阱、識別主力騙線的過程。股票交易的博弈性，決定了交易過程的詭詐性。股票市場上，步步驚心、如履薄冰才是交易常態。

　　學會識別盤面陷阱是投資人學會看盤、真正讀懂盤面含義的必要條件，本節先從分析盤面掛單開始。

　　在行情交易軟體的右上角，通常都設置為賣盤掛單和買盤掛單，大多是買單 5 檔，賣單 5 檔。而掛單分為掛賣單和掛買單。有時候買賣單的位置和每個價位上掛單數量，能透漏出主力當日的一些交易思路。

　　如果在開盤幾個價位上買賣單數量都很稀少，那麼表示主力未積極參與，可能僅是散戶行情，市場的交易意願不會太強。如果在開盤幾個價位上買賣單數量都很密集，且股價開高，那麼表示市場資金對該股較為關注。

　　開盤掛賣單多、買單少，表示市場資金偏重於做空該股；反之，表示市場資金希望買入該股。實戰中市場主力也會以虛假掛單來誤導投資人，然後反向操作。交易軟體中，買或賣的掛單以張為單位，1張等於1000股。

假掛單

　　投資人在分析盤面掛單時，需要注意辨別哪些是主力的手法。

　　盯盤的投資人常會發現，雖然在賣一或買一上出現大單（一般指 10 萬股以上），但這些大單不會紋絲不動地掛著。除去被市場成交的部分外，這

些大單時常被主動撤掉，然後再度掛上，甚至在幾個不同的價位上來回變動，但總張數相差不大。這種現象是主力行為，而非市場的隨機行為。

　　那麼主力的目的是什麼呢？如果買一的大單被撤掉，表示主力並不想真的買入，掛的大買單是虛假的，目的就是想讓投資人儘快買入。不管主力是不是想借機減倉，我們都知道主力不想買入了！主力不買意味著股價很難持續性大幅上漲，那麼投資人該怎麼做就應該很清楚了。

　　如果賣一的大賣單被撤掉，則表示主力想要藉由大賣單達到恐嚇作用，不是真的準備賣出。主力真正要做的，是收集投資人恐懼情緒下賣出的籌碼。沒有實戰經驗的新手見到賣一上掛著大賣單，便以為主力要減倉；見到買一上出現大買單，便以為主力要買入。於是，投資人不是恐慌地賣出，就是衝動地買入，二者皆不可取。

　　如圖 10-1 所示，該股在買一、買二上掛的都是較大的買單，而上方賣單都相對很小。僅以買一的大單就完全可以掃空上方賣單，但股價卻始終無力上升，這種掛單情況至少說明主力並不想在目前的價位上加大倉位。

圖 10-1　掛單

賣五	8.56	30
賣四	8.55	92
賣三	8.54	156
賣二	8.53	382
賣一	8.52	345
買一	8.51	2941
買二	8.50	1188
買三	8.49	115
買四	8.48	297
買五	8.47	23

撤單分析

　　撤單是指在某個價位上掛出買或賣的單子，沒等成交就主動取消買或賣的指令。

在實戰交易中，撤單的情況比比皆是，而需要我們重點觀察和分析的是大單掛單、撤單的不同情況，以此來預判主力所處的階段。

1. 建倉吸籌階段的主力資金

處於建倉吸籌階段的主力資金，想要在底部盡可能多地吸納籌碼，必須在盤面上營造一些恐怖氣氛來嚇退想買入的投資人，同時促使持倉者儘快賣出。

通常股價已經跌得很低的情況下，在賣盤上還掛著大量的賣單，似乎有很多籌碼排隊等待賣出，這給投資人造成了巨大的心理壓力。

在這種情況下，很多投資人不計成本地賣出了手中的廉價籌碼，卻被主力資金通吃。投資人如果注意觀察賣盤上掛的大賣單，就會發現這些大賣單並不是紋絲不動地掛在那裡的。主力時常會主動撤掉全部或部分大賣單，目的是讓那些排在後面的市場賣單能夠成交，同時也為了防止其他大機構趁機搶籌。

2. 出貨階段的主力資金

處於出貨階段的主力資金想要在高位成功出貨，必須在盤面上烘托出人氣高漲的氛圍，來誘導投資人追漲買入，同時也會暗示持股者鎖定籌碼、等待上漲。

通常在股價漲得非常高的情況下，買盤上出現大量買單，似乎大批資金正準備蜂擁入場。很多投資人以為漲停就在眼前，於是跟風追漲買入。

這時主力資金就可以撤掉自己的買單，讓市場散單排在前面以儘快成交，然後再掛上大買單，讓投資人感覺不到買盤掛單的減少。主力資金經由這種不斷掛單再撤單的手法，就可以趁機大量賣出籌碼。

10-2

教你識破慣用的對倒手法

　　對倒是指主力資金利用資金或籌碼的優勢，在自己掌握的多個帳戶之間，對某檔股票進行自己賣自己買的假交易行為，從而製造個股交易火爆或恐怖的盤面，吸引投資人跟風買進或賣出。對倒存在於主力運作股價的整個過程之中。

　　處於建倉吸籌期間的主力資金，經由對倒的手法來打壓股票價格、製造恐慌氣氛，迫使投資人低位賣出籌碼。

　　處於洗盤期間的主力資金，經由對倒使成交量放大，並採取寬幅震盪的方式製造見頂、暴跌等恐慌氛圍，以此來清洗獲利籌碼。如圖 10-2 所示，當該股脫離底部低點時，於 A 點放量下跌，當日振幅達到 8% 以上，換手率也達到 18% 以上。

　　對於這種剛脫離股價低點、漲幅較小的個股，不會存在太多急於賣出的市場籌碼。如圖中 A 點，這種較高換手率，是主力資金為了清理浮籌和繼續吸籌所營造的恐怖氛圍，目的就是逼迫持倉的投資人賣出籌碼。

　　處於拉升階段的主力資金，利用對倒製造巨大的成交量，吸引市場資金的關注和買入，能有效降低自己的拉升成本，並節省鎖倉資金。

　　處於出貨階段的主力資金，主要在一些技術關口上經由對倒造成放量突破、繼續上升等假象，從而誘引投資人入場搶籌，主力借機大量減掉倉位。急速上升或長時間漲升的個股，如果突然出現成交大單，股價卻沒有相應地大漲，那麼主力對倒減倉、出貨的可能性較大。

　　主力通常採用帳戶組（多帳戶交易）的方式，在對倒的帳戶中既有自然

圖 10-2　對倒

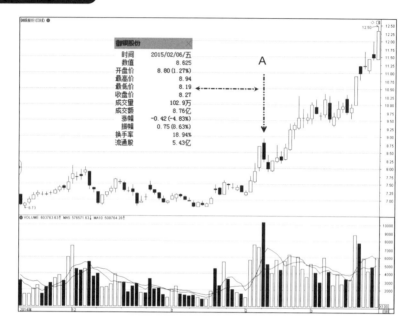

人帳戶，也有信託帳戶、公司帳戶等。這些同屬於一個主力資金帳戶之間的對倒，其隱蔽性相對較高。

　　對倒可以帶來個股成交活躍的假象，容易吸引投資人跟風追漲或者跟風殺跌，從而滿足主力資金減倉出貨或者低價吸籌的目的。可以說，大多數主力資金在短炒個股時，對倒的手法佔據了相當大的比例。

　　主力對倒通常會以成交大單的形式出現，成交大單一般是指千張以上或者連續百張以上的成交單。盤面上突然出現的大單，會改變或引導股價的運行方向，確認成交大單的性質，對於提前應對股價可能出現的變化具有重要的意義。

　　大單並不必然都是主力資金的行為，也可能是其他資金的行為。例如，機構資金的操盤手為儘快完成買入任務，以大單掃盤的行為、某實力資金對於目標個股的試盤行為、盤中多個實力資金的博弈行為。

　　當然，實戰中即使是主力資金的大單，也不盡然全是對倒，真實的掃單

拉升也會有大單出現。主力大單如果是對倒，那麼即使瞬間現價線被筆直拉起，也很快會出現折返，走勢上拖泥帶水，股價升幅並不明顯，即使有所上漲，也會在之後或次日發生向下折返。

　　實戰中，對倒大單引導下的恐慌性下跌和急速上漲，對投資人的殺傷力最為致命，不少人就是在這種情形下，將持倉籌碼賣在了地板價，或者是追漲追到了天花板。

10-3

主力常用的 3 種多頭陷阱

　　股票市場的博弈，在本質上決定了參與者之間的對立關係，而佔據資金優勢的主力資金，經由形形色色的手段來達到自己的目的。

　　主力資金的操作手法，其核心就是利用自己資金上的優勢，誘導、迷惑市場投資人，使之做出錯誤的判斷。這類主力行為一般稱為多頭陷阱和空頭陷阱，或者稱作誘多和誘空，即誘使投資人跟風買入或者跟風賣出。

　　主力資金常用的欺騙手法就是營造「騙線」，比如假填權、假突破、假破位、對倒拉高、跳水、虛假掛單，以及題材、概念炒作等。主力資金實施騙線的方式，主要是經由 K 線、技術指標、分時走勢等技術分析形式。

　　例如，技術指標 KDJ 高位鈍化後，按照規則投資人應該及時賣出，但在實戰中，個股在 KDJ 處於鈍化狀態時，卻是主力剛開始拉升股價之時。主力資金正是利用技術指標的一些設計缺陷，誘使投資人做出錯誤的決定。

　　股票市場對於題材、概念的炒作是很常見的，投資人如果參與炒作，務必明白題材、概念本身就是主力製造的多頭陷阱，切不可認為題材就是一切，就會使上市公司的經營業績出現翻天覆地的變化。歷史上沒有哪一個題材或概念是歷久彌新、屹立不倒的，主力利用某一題材獲取既得利益之後，出貨時絕不會有任何留戀和牽掛。

　　多頭陷阱是指主力意在賣出，卻故意製造強勢上漲的氛圍，從而引誘投資人追高買進，多出現在經過長期上漲或者股價漲幅巨大的個股上。

　　主力往往利用對股價重要關口的突破、技術指標的買進提示等，來渲染多方即將發起強勢上攻的假象，用以誤導投資人。

假突破

　　比如，當某檔股票看似出現一個即將突破的形態時，一些投資人往往會產生搶籌的衝動。等到投資人追高買入，等待拉升獲利時，卻發現股價遲遲未出現真正的突破性拉升，反而走出與其意想相反的走勢。

　　如圖 10-3 所示，A 點該股放量收出大陽線，當日無論是股價還是成交量，都已經超過前高點。從常規量價分析來看，股價似乎啟動了新一波上漲，並開始對前高點進行突破。在常規技術理論中，股價對於前高點的突破如果成功，將會打開股價的上漲空間。

　　當一些投資人看到這種技術形態時，便會聯想到股價突破成功後會怎麼樣，卻很少會深入分析這是否是主力營造的陷阱，於是多會選擇在 A 點或之後幾日買進該股，等待主力資金的拉升。

圖 10-3　假突破

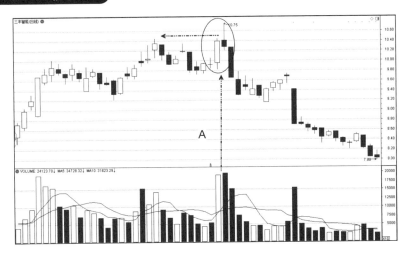

　　但接下來的交易日股價衝高回落，報收一根射擊之星的長上影 K 線。這種 K 線形態顯示，當股價衝高之時，必有投資人跟風追漲，被套在股價高點。此時如果不能及時醒悟、迅速出場，則極有可能被深套其中。

大陽線

當市場投資人對於個股後勢漸漸變得謹慎或失去信心時，主力就會製造一些能夠振奮人心的技術圖形來打動市場投資人，尤其是場外的觀望資金。這些觀望資金遲遲不入場，主力資金就難以借機減倉或出貨。

如圖 10-4 所示，該股在一波漲升後，處於震盪盤整的態勢中，成交量日漸縮小，顯示市場投資人漸趨謹慎的態度。

在 A 點突然出現一根突破盤局的放量大陽線。這根大陽線突破盤局高點，並接近前期放量股價的最高點，似有再起升勢的模樣，極大提升了市場人氣。但是，讓人感到意外的是，大陽線出現後，股價並未出現持續性上漲，反而略作盤整後轉入下跌趨勢中。

此案例中的大陽線就是標準的多頭陷阱。當主力在出貨過程中發現承接盤逐漸減少、投資人進場欲望大幅降低時，就會改變盤面萎靡不振的局面，經由大陽線等技術性圖形來提振市場信心，以求達到繼續減倉出貨的目的。

圖 10-4 大陽線

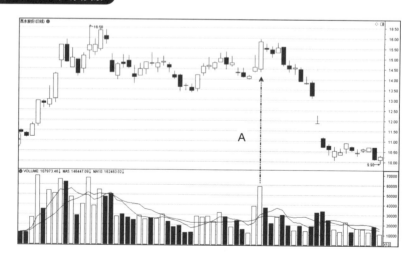

假填權

主力資金還會利用一些除權除息個股留下的缺口，做出一副股價向上補缺填權的假象，來吸引投資人跟風買入。

如圖 10-5 所示，該股除權除息後留下一個巨大的缺口，經過一段時間的震盪後，A 點股價突然以漲停板的方式向上突破，做出一副似乎要填權的勢頭。但該股股價僅僅進入除權缺口少許便震盪回落，並就此進入下跌趨勢中。

在這個案例中，該股除權後，股價波動極為微小，營造了一個似乎在築底的模樣。這個形態為 A 點的假填權提供了前提條件，當 A 點向上開始填權時，一些投資人便會認為該股有築底的過程，填權應該真實可信，殊不知卻落入了主力資金的多頭陷阱中。

其實，如果仔細分析案例中 A 點填權的過程，並結合前面講過的成交量的相關理論，我們就完全可以看出主力資金假填權的蛛絲馬跡。

比如，A 點第一根漲停板陽線，當日成交量似有放量過大之嫌。圖 10-6 展示的是漲停當日的分時走勢，當日漲停板曾被打開，顯示有資金在漲停價

圖 10-5　假填權

圖10-6 漲停板陽線的分時走勢

位上賣出。一般來說，填權個股的籌碼集中程度不同於底部起漲個股，其上方的壓力不會太大，除非是獲利盤兌現。作為一個剛剛向上起漲填權的個股，主力資金以外的獲利籌碼不會如此急切兌現，畢竟上方的缺口巨大，看起來還有很大的獲利空間。

至此我們開始懷疑主力資金減倉，但也不能排除獲利盤的兌現。但是，到了下一個交易日，獲利盤兌現的可能性就基本上被排除了。

圖10-7展示的是次日的分時走勢，當日大部分時間的股價呈橫向震盪的走勢，接近尾盤時，股價再度漲停，不久就被打開，而後股價回落直至收盤也未能封板。這一天的成交量遠遠大於漲停板當日。而尾盤突襲性地封漲停板，這種極具誘惑力的走勢，除了主力資金，還會有誰？隨後的開板，無疑是主力資金在滿足追漲資金的買入需求。

我們回到圖10-5中，隨後幾日K線實體都不大，但成交量相比起漲之前不算小，這就是主力資金逐漸賣出籌碼的過程。

圖 10-7　漲停板次日的分時走勢

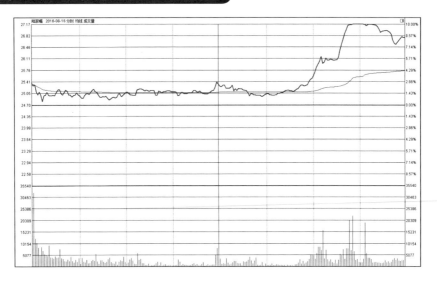

10-4

主力常用的 3 種空頭陷阱

　　空頭陷阱是指主力意在買入或洗盤，卻故意製造恐慌氛圍，迫使投資人低價賣出籌碼。

　　空頭陷阱的重要特徵是，股價急速下跌、成交量持續萎縮、政策面沒有實質性的利空消息、技術面上沒有重要的訊號等等。如果在個股的低位區域發生這些情況，則多數是空頭陷阱，暴跌過後將可能迎來趨勢性的轉折，投資人要格外注意。

大陰線

　　如圖 10-8 所示，該股股價脫離底部低點後開始一波反彈，但不久股價震盪回落，A 點突然出現一根大陰線，K 線形態也較為嚴峻，似乎所有跡象都在告訴市場上的投資人，一輪創新低的下跌又將開始。

　　然而，股價並沒有出現投資人預期中的急速下跌，甚至未能抵近 B 點的股價低點。經過短暫小幅度下探後，該股出現放量拉升，A 點便是主力資金營造的一個標準的空頭陷阱。

　　該股剛剛經過長期大幅大跌，主力利用市場投資人持倉心理尚不穩定的特點，故意在底部低點製造空頭陷阱，以便使投資人產生對前期股價下跌的恐懼心理，讓投資人喪失繼續持倉的信心，加入賣出的行列中，從而使自己可以順利完成建倉洗盤的任務。

　　對於底部低點個股，耐心不足的投資人最好不要介入，因為這類個股雖

有低價的優勢，卻需投資人忍受主力的反覆折磨。這個階段比較適合中長線交易的投資人買入低估值股票，然後長期持有。

圖 10-8　空頭陷阱

利用市場共識

當大盤經過一段時間的下跌或上漲後，在某一相對固定區域長時間發生折返震盪時，市場投資人普遍會認為這個區域具有支撐或壓力。

如果股價處於下跌趨勢中，那麼隨著指數在這一區域執行時間的延長，投資人對於這一點位（區域）的支撐會逐漸形成共識，並會買入籌碼等待升勢的到來；反之，會賣出籌碼等待下跌的到來。

圖 10-9 是滬市在 2002 年至 2004 年的走勢，當時指數數次下探到 1,300 點附近，出現了止跌回升的態勢，於是市場上形成了 1,300 點附近就是底部區域的共識。

市場投資人的共識與行為的一致性，必然會給主力資金帶來極大的干擾，則主力資金只能經由打破所謂的支撐位來製造恐慌，使投資人的預期落空，產生悲觀失望的情緒，隨即賣出持倉籌碼。

圖 10-9 中的 A 點，滬指跌破 1,300 點區域下行，這種情況打破了市場對於底部的共識，恐慌氛圍也就隨之快速蔓延和擴大，大盤指數破位所引發的恐慌遠大於個股。即使持倉者手中的個股沒有出現破位，也可能會受到大盤跌勢的影響，陷入從眾的恐慌情緒之中而選擇賣出。之後，滬指一直殺跌至 998 點，才真正見底回升並開啟一輪大牛市。

圖 10-9　打破市場共識

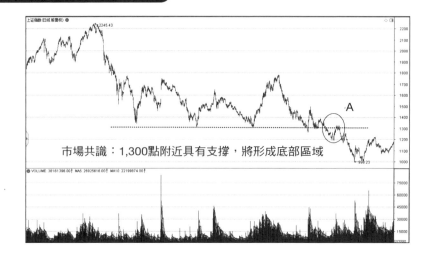

某一個或幾個主力資金想要打破市場形成的共識，幾乎是不太可能的。在早期的股票市場上，只要部分主力資金控制住一些權重股，那麼基本上就掌控了大盤指數的漲跌。如果大盤確實處於適宜的建倉區域，那麼試圖建倉的實力資金就絕不是少數。

這些建倉資金之間感同身受，相互之間存在一定的默契，或者說建倉的實力資金也存在一種共識，即打破市場普遍認同的支撐，讓市場投資人恐慌，唯有此才能順利完成自己的建倉任務。

　　這個案例已經過去十餘年，在目前股票市場龐大的市值與容量面前，雖然主力資金難以操控權重股來影響大盤指數，但往往會「借力使力」，即借助一些熱門板塊或龍頭個股的漲跌，來影響和引導市場人氣走向，間接達到調控大盤指數漲跌的目的。當投資人發現市場上已經形成了某種「共識」時，千萬不要跟著走。

破位

　　底部往往意味著主力資金建倉的低點區域。當某些主力資金處於建倉期間時，從技術形態上並不難認定。但是，很多主力建倉區域卻因為之後走勢的變化，被投資人自己否定。許久之後，投資人回頭再去看該股，股價早已飛升，而當初自己的分析無疑是正確的，但還是想不透主力為什麼會跌破建倉的成本區。

　　如圖 10-10 所示，該股經過大幅下跌後，於 A 點橫向震盪，有投資人分析該股有主力資金運作，股價所處區域應是主力資金建倉的區域，按部就班分析後得出，股價應該不會深跌，因為如果股價深跌，主力資金也會被套。

　　然而，接下來的走勢卻讓人大吃一驚，即 B 點股價迅速下跌。當這種似乎失去理智的瘋狂下跌出現時，大多數投資人都會改變最初的看法，即從認定主力建倉，到認為 A 點只是下跌途中的盤整，主力只是短炒誘多，後市仍將進一步探底。其實，這就是主力最想要的效果，也是主力常用的一種手法——破位。

　　實戰中，建倉期的主力資金經常會反技術分析而行之，即市場投資人認為主力資金建倉受限於成本不會深跌，卻偏偏選擇兇悍地向下賣出。在這個過程中，主力資金多採用對倒，大單賣出的籌碼其實還在自己手中，只不過是左手換右手。而經過一次「恐怖襲擊」後，主力資金得到的遠勝於失去的。至於成本，在股價的折返中，止一點點被降低。

圖 10-10　破位

10-5

折返才是股價運行的正常狀態

折返是股價運行的常規波動形式，反映的是多空雙方盤中不斷博弈的過程。除非是直接封住漲跌停板，否則個股在運行中就必然存在折返。在 K 線圖中，上漲趨勢中的折返，常被稱為回落整理或回檔等，下跌趨勢中的折返被稱為反彈。而在分時走勢圖中，股價折返更是比比皆是，折返才是股價運行中的正常狀態。

如圖 10-11 所示，該股在當日的分時走勢中，較大的折返波段出現了數次，而如鋸齒狀的小折返，更是舉目皆是。

可能有的投資人會說，該股雖然上漲，但走勢較為綿軟。圖 10-11 中的小圖為強勢上漲個股的分時走勢，圖中可見，在股價漲停之前，依然存在較大的折返，鋸齒狀的小折返同樣遍佈在整個走勢過程中。

折返的發生是股票交易博弈本質的正常反映，即有人認為股價會下跌，所以選擇賣出；但也有人認為股價會上漲，所以買進。買進與賣出力量的此消彼長，帶來股價走勢形態上的頻繁波動。當資金達成高度共識時，股價就會出現單一方向的急速前進─漲停或跌停，這反而是股價的非正常運行狀態。股價的非正常運行狀態與正常運行狀態相比，當然不可能持久。

無論在漲勢中還是在跌勢中，股價反覆發生較大折返，都會令大部分投資人頗受煎熬。投資人或許可以忍受分時走勢中發生的較大折返，但最不能忍受 K 線圖中長時間的股價折返。

主力資金經常利用股價折返所帶來的恐懼洗出籌碼，或者利用折返帶來的反彈吸引追漲者進場。在股價的上下顛簸中，一些持倉者的心態會逐漸發

圖 10-11　分時中的折返

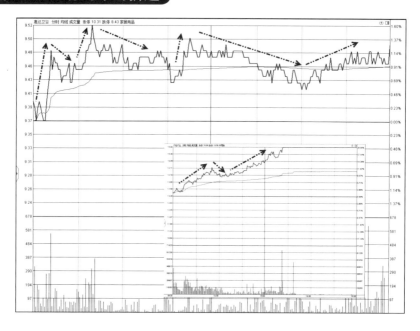

生變化：由最初的信心十足到漸漸地失去耐心、被煩憂情緒所纏繞，隨著折返時間延長和次數的增加，這種情緒會演化為悲觀、恐懼。

如圖 10-12 所示，該股股價處於上漲趨勢中，但是上漲趨勢並不等於股價一直上漲。圖中可見，在股價上漲的過程中，股價多次發生較大折返。

雖然看上去一張靜態的 K 線圖中，股價的回落並不難應對，但當身臨其境，尤其是持有短線倉位比較重的投資人來說，圖中股價的折返會讓他們如坐針氈，因為股價每一次的「小跳水」都仿佛跳在神經上，會讓他們覺得是股價轉入大幅下跌的開始。

三番兩次後，持倉者已被累積的恐懼情緒所籠罩，會將之前所有正確的買入理由都忘記，只記得股價將要下跌。這時選擇賣出，也許就是唯一的解脫方式。

即使部分投資人熬過了這種折返，也不一定能忍受另一種折返——持倉的個股不與大盤同步。當指數或者其他個股紛紛飆升，而本身持倉的個股卻

圖 10-12　K 線圖中的折返

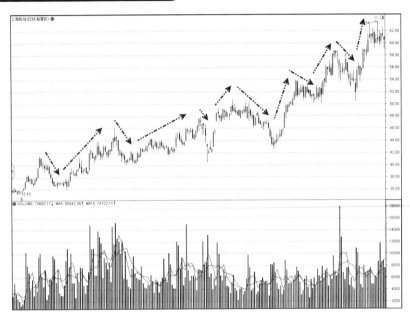

還在反覆折返不定時，投資人會有一種被行情拋棄的孤立感和失落感。這時候，一些持倉者會選擇賣出所持的個股，追逐那些「合群」的股票。

　　主力資金利用股價折返帶給投資人的心理折磨，迫使投資人在恐懼、失落等不良情緒困擾下進行交易，由此達到自己的目的。實戰中，主力資金不但會利用折返製造恐懼、失落的情緒，有時還會製造「希望」，讓心如死灰的投資人「復活」，只不過主力資金提供的「希望」，往往都會如煙花般稍縱即逝。

　　某些個股在長時間下跌過後，股價會有一種跌不動的情況，大多是因為持倉者的絕望情緒所致。

　　解決這個問題其實很簡單，心病就要用心藥來醫！既然股價下跌讓持倉者絕望，那麼就要用「希望」來治病。如果突然出現一根大陽線，或者突然開高，同時伴有賞心悅目的成交量，那麼完全能夠吸引到一些追漲資金。

　　如果一根大陽線不能解決問題，那麼就用兩根；如果一個開高不能啟動

圖 10-13　主力提供的「希望」

跟風資金，那麼就多加一個。如圖 10-13 所示，該股經過一段時間下跌後，到了 A 點，成交量大幅萎縮，股價維持震盪盤整的局面。這種量價相對平衡、冷清的走勢，不利於主力資金繼續減倉，唯有打破冷清的局面，才有可能吸引場外跟風資金的注意。

於是 B 點股價再掀波瀾，一根帶量開高的小 T 字線漲停板，引爆了跟風資金的熱情，而次日報收一根振幅超過 10% 的長上影陰線，顯示主力資金成功地將部分追漲資金鎖在了高點。

如圖 10-14 中，長上影陰線當日的分時走勢，這種分時走勢還是很具有吸引力的。股價低開震盪，在均價線和昨日收盤線處獲得支撐，然後以 60 度角上漲，股價強勢非常明顯。但如果投資人這時追漲，那麼接下來就會體驗到什麼叫「天上一日、地上一年」。主力經由製造這次折返，無疑又獲得了極佳的減倉時機。

還有一種類型是股價見頂回落，而主力資金並未完成出貨的個股。這種

圖 10-14　長上影陰線的分時走勢

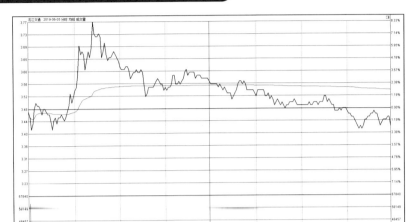

情況下，主力資金不會讓股價在短期內過度下跌。急速大幅下跌不利於大部分主力資金出貨，畢竟不是每一個主力資金，都有實力把成本降到極低。

解決「絕望」，可以用「希望」，而不斷的「希望」絕對可以讓主力資金完成自己的出貨任務。如圖 10-15 所示，該股見頂回落後，股價便開始處於不斷折返的過程中。因為股價折返的價位並未遠離頂部高點，也就讓持倉的投資人或者短線跟風資金產生一種「希望」，即該股經過盤整後，股價可能還會再起升勢，再創新高。

但隨著主力資金的逐漸退出，股價越來越缺少主動維護，最終股價還是進入明確的下跌趨勢中。

投資人應對股價折返的方法如下。

首先，從大趨勢上埋清股價所處的階段。比如，當某股處於上漲趨勢中，在整體升幅、量價關係都未出現極端技術提示訊號時，股價若發生折返，則中長線持倉的投資人完全不必理會，也就是所謂的看大勢。想賺大錢，不可受股價短期波折所擾。

圖 10-15　出貨

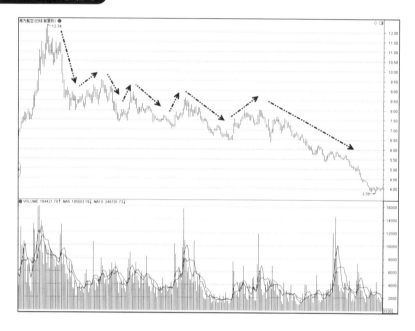

　　其次，投資人不可跟隨股價的運行方向，而產生相應的情緒與心理波動。跟著股價漲跌後面追的人，很難有好的收穫。

　　最後，短線投資人應注重分析折返和股價強度的關係，理解折返是股價的正常狀態。大部分較大折返發生前，股價在支撐與壓力關係上都會有細微的反應。投資人要抓住技術細節上的提示，事先做好準備和計畫。

　　一個專業的投資人，會將個人的突發情緒程式化，有自己固定的應對方式，不因漲而買入，不因跌而賣出。當恐懼和希望這些情緒不再影響到交易決策時，那麼投資的好日子就在後面了。

1分鐘重點複習

10-1 學會識別盤面陷阱，是投資人學會看盤、真正讀懂盤面含義的必要條件。

10-2 不要相信突然出現的大單，這種單意味著持續性下跌或者是暴漲的開始。忍住不在最恐慌時賣出、不在最興奮時買進，就是應對主力資金對倒的最佳方法。

10-3 別跟在股價漲跌的後面走，否則必會陷入主力的圈套。

10-4 忍住最後3秒鐘的恐慌，你就會發現主力正在「裸遊」。

10-5 開盤是新的一天交易的開始，很多主力會選擇在這時小露幾手。

國家圖書館出版品預行編目（CIP）資料

存好股賺飽價差 爽爽過我每一天：一個投機者的 20 年經驗告白！
／金戈作. -- 新北市：大樂文化有限公司，2022.11
304面；17×23公分. --（優渥叢書Money；59）
ISBN 978-626-7148-19-8（平裝）

1. 股票投資　2. 投資技術　3. 投資分析

563.53　　　　　　　　　　　　　　　　　　　111014261

MONEY 059

存好股賺飽價差 爽爽過我每一天

一個投機者的 20 年經驗告白！

作　　者／金　戈
封面設計／蕭壽佳
內頁排版／江慧雯
責任編輯／林育如
主　　編／皮海屏
發行專員／鄭羽希
財務經理／陳碧蘭
發行經理／高世權、呂和儒
總編輯、總經理／蔡連壽
出 版 者／大樂文化有限公司（優渥誌）
　　　　　　地址：220新北市板橋區文化路一段 268 號 18 樓之一
　　　　　　電話：（02）2258-3656
　　　　　　傳真：（02）2258-3660
詢問購書相關資訊請洽：2258-3656
郵政劃撥帳號／50211045　戶名／大樂文化有限公司

香港發行／豐達出版發行有限公司
地址：香港柴灣永泰道 70 號柴灣工業城 2 期 1805 室
電話：852-2172 6513　傳真：852-2172 4355

法律顧問／第一國際法律事務所余淑杏律師
印　　刷／韋懋實業有限公司

出版日期／2022 年 11 月 14 日
定　　價／400 元（缺頁或損毀的書，請寄回更換）
I S B N　978-626-7148-19-8